AF433740

Moviendo tus carros

Nitza Haydee Caro

Published by Nitza Haydee Caro, 2024.

While every precaution has been taken in the preparation of this book, the publisher assumes no responsibility for errors or omissions, or for damages resulting from the use of the information contained herein.

MOVIENDO TUS CARROS

First edition. April 4, 2024.

Copyright © 2024 Nitza Haydee Caro.

ISBN: 979-8224768820

Written by Nitza Haydee Caro.

Tabla de Contenido

Este libro es dedicado a:

Mi esposo, Xavier, gracias por ser mi compañero en este viaje.

Mis hijos, Valerie, Jonathan y Aymara, gracias por hacerme una mejor persona.

Mi nieta, Julia, gracias por enseñarme tanto.

Los amo.

Introducción

La vida es un juego, como una carrera.

Solo hay un inconveniente: no tenemos idea de lo que estamos haciendo.

Lo único que sabemos es el comienzo de nuestra carrera, el día en el que nacimos.

A partir de ahí, no sabemos cuánto durará ni qué obstáculos encontraremos en el camino.

¡Excelente!

No hay problema, podemos hacerlo. Al menos todos tenemos el mismo carro. ¿Verdad?

Espera, todos tenemos carros diferentes; eso no me parece justo. No, está bien. Esta carrera no es una competencia. Recuerda que tenemos metas diferentes, no importa qué carro tengamos; lo que importa es el conductor y nuestras habilidades.

Vámonos.

No me esperaba esto; mi carro empezó a multiplicarse durante la carrera. Ahora, en lugar de conducir un carro, tengo varios duplicados llamados: salud, trabajo, estudios, familia, amigos, dinero, matrimonio y maternidad.

¿Se supone que tengo que conducir todos estos carros al mismo tiempo? ¿En el mismo camino? ¿Y llevarlos todos a la meta?

No sé qué opinan ustedes, pero no me gusta esta carrera.

¿Quién pensó que esto era una buena idea?

Pero todo el mundo está conduciendo y no quiero quedarme estacionada aquí, preguntándome cómo lo haré; entonces seguiré y veré cómo me va.

Hola, ¿cómo estás?

Llevo 46 años conduciendo y déjame decirte que esta carrera apesta. No quiero que me malinterpretes, me he divertido en el camino, pero pienso que la persona que diseñó mi carretera estaba borracha. Además, ¿no piensan que necesitamos algunas reglas, tal vez un mapa?

Por ejemplo, cuando me casé, pensé que mi esposo y yo subiríamos al mismo carro, iríamos en la misma dirección y cantaríamos karaoke hacia el horizonte. Bueno, eso no sucedió. Él todavía tiene que ocuparse de sus carros; y yo tengo los míos. Estamos intentando conducir juntos lo mejor posible mientras conducimos todos nuestros carros.

Loco ¿verdad?

¿Quién habría pensado que al casarnos se multiplicarían nuestros carros? ¿No estamos consolidando? No, no lo estamos.

Entonces tenemos la idea brillante de tener hijos. Si tu pareja no está en el carro, al menos podrás tener a tus hijos. Sí, será divertido viajar por la carretera con comida y juegos.

Espera un minuto; mis hijos no están en el carro conmigo. Ellos tienen sus carros para conducir. Entonces, en lugar de llevarlos a todos en mi carro, debo asegurarme de que ellos sepan conducir solos y manejar sus carros.

Mis carros se están multiplicando.

Tengo mis carros, los de mi esposo y los de mis hijos, y se supone que todos debemos viajar juntos.

¿Puedo hablar con el diseñador de este juego?

Esta carrera es una locura.

¿Alguien tiene una hoja de instrucciones?

Parte 1: Comenzando la carrera

Capítulo 1: Aceptando tu carro

En esta carrera, cada persona tiene un carro diferente que tiene una combinación única de atributos, habilidades y experiencias.

El país donde nacemos, nuestra familia, el dinero, las características físicas y las habilidades mentales influyen en el tipo de carrera que tendremos.

La buena noticia es que cada uno de nosotros tenemos un conjunto de habilidades que nos hace únicos, algo que te hace tú. La mala noticia es que tenemos dificultades para descubrir y reconocer esas habilidades.

Aceptar tu carro y tu viaje te ayudan a aliviar tu carrera.

Bienvenido al 2024, donde tenemos muchos tipos de juegos. Mis favoritos son aquellos en los que puedes elegir a tu personaje y decidir tu apariencia, estilo e incluso tu nombre.

En la carrera de la vida, las cosas no funcionan así. Cuando nacemos, todo está decidido por nosotros. Comenzamos esta carrera con un carro específico elegido justo para nuestro viaje. Nuestro carro no se adapta a nadie más, es único y estaremos con él hasta el final de nuestra carrera. Entonces, ¿por qué nos cuesta tanto aceptar nuestro carro?

Nací y crecí en Puerto Rico, lo que significa que soy hispana y el español es mi idioma principal. También significa que soy ciudadana estadounidense y aprendí inglés como segundo idioma en la escuela. Al vivir en el Caribe, con el calor y el sol, no me gustan las temperaturas frías. Aunque los puertorriqueños vienen en todo tipo de colores, formas y tamaños, soy pequeña, mido 5'3". Tengo cabello castaño y rizo, ojos marrones, y mi piel es blanca con un bronceado claro. Soy lo que muchos describirían como tu latina tradicional.

En la escuela, era una estudiante sobresaliente y tuve el promedio más alto de mi graduación de la escuela superior. Sin embargo, soy mala en los deportes o cualquier actividad física. Aunque mi vida dependa de eso, no puedo: lanzar, atrapar o golpear una pelota, tampoco sé nadar y una vez obtuve una F en educación física porque no pude correr bicicleta.

Me crié en una familia tradicional de clase media; mi mamá y mi papá fueron novios desde que eran adolescentes y se casaron jóvenes. Yo era la cuarta de cinco hermanos y éramos católicos.

Sufro de mareo, lo que significa que aunque me gusta viajar, tengo que asegurarme de tomar varias pastillas para poder sobrevivir el viaje. Tengo fobia a los reptiles y soy un monstruo cuando tengo hambre.

Por otro lado, soy muy buena enseñando y siempre trato de tener una actitud positiva. Además, me gusta pensar que soy graciosa, incluso si mi familia no está de acuerdo.

Todo esto que compartí contigo tiene una cosa en común: no elegí ninguno, es simplemente mi carro.

Estoy segura de que tu carro es diferente al mío. Esa es la idea: todos somos únicos. Puede que tengamos algunas cosas en común, pero al final del día no hay nadie como tú.

Al principio, a todos nos gusta nuestro carro. Hasta el día de hoy no he oído a ningún bebe quejarse. Sin embargo, empezamos a crecer y, a medida que comienza nuestra carrera, nos damos cuenta de que hay otras personas en la carretera. Empezamos a comparar nuestros carros con los de ellos y esta costumbre no mejora.

Has escuchado la cita que dice: "Todo el mundo es un genio. Pero si juzgas a un pez por su capacidad para trepar a un árbol, vivirá toda su vida creyendo que es estúpido." Como maestra, esta es una de mis citas favoritas, y creo que es muy cierta. Sin embargo, siempre nos juzgamos a nosotros mismos por cómo nos comparamos con los demás. Si entendemos que nuestro carro está diseñado específicamente para nosotros y nuestro viaje, que no hay dos carros ni viajes iguales, entonces compararnos con otros es una pérdida de tiempo.

Tomemos como ejemplo a los gemelos; incluso los gemelos idénticos son diferentes. Si les das a cinco panaderos la misma receta de pastel, cada pastel tendrá un sabor diferente. Hasta el día de hoy, nunca he podido hacer el arroz con pollo como lo hacía mi mamá. Aun cuando sigo cada paso, es diferente.

Sé que todos tenemos ejemplos de lo mismo. Sabemos que esto es cierto; todo el mundo tiene unos atributos únicos que nadie puede duplicar. Nuestro carro es nuestro carro; no se puede devolver ni cambiar, por lo que debemos aceptarlo.

Es más fácil decirlo que hacerlo, lo sé. Estamos acostumbrados a criticar nuestro carro y asegurarnos de que todos sepan todas las razones por las que no sirve. Estamos pasando por un momento muy difícil en nuestra carrera por culpa del carro. Si fuera diferente o más parecido al de otra persona, podríamos correr mucho mejor. ¿Cómo puede alguien esperar que hagamos una buena carrera con el carro que tenemos?

Somos nuestros peores enemigos a la hora de juzgarnos a nosotros mismos. Si eres mujer y tienes el pelo liso, quieres rizo. Si tienes el pelo rizado, lo quieres liso. Si tienes el pelo corto, miras a una mujer con el pelo largo y piensas: "Si supiera mantener mi pelo así, me encantaría tener el pelo largo." La del pelo largo piensa: "Me lleva tanto tiempo cuidar mi cabello, si supiera que me luciría un estilo corto como ella, lo haría en un abrir y cerrar de ojos."

Si eres hombre, te preocupa que se te caiga el cabello, quedarte calvo o te salgan canas. Estás seguro de que tus problemas desaparecerían si tu cabello se pareciera al de Chayanne. Pero entonces Pitbull empieza a lucir un estilo sin pelo, y todos los hombres se preguntan si les quedara bien.

No comencemos a hablar del negocio de la pérdida de peso y el desfile interminable de nuevas formas de adelgazar para que finalmente seas feliz. He sido cliente de todas estas empresas durante mi vida y he tratado todo lo que me han ofrecido hasta el punto de ser ridículo. Sin embargo, incluso si sabemos que nadie puede proporcionar una solución mágica a nuestros problemas, volvemos a comprar el que finalmente funcionará esta vez.

Sé lo que estás pensando porque yo también he sentido lo mismo. Estos son problemas superficiales; no me importan. Me refiero a la verdadera razón por la que mi carro no sirve: la falta de dinero y oportunidades, mi familia y el lugar donde vivo. ¿Por qué no intentas tener una carrera exitosa con ellos?

También me he sentido así y he pensado lo mismo. Sobre todo, si creciste con padres que te decían: "No podemos comprar eso; el dinero no crece en los árboles." En esos momentos pensaba: "No necesitamos un árbol; pregúntale a los padres de mi amiga cómo obtienen su dinero; estoy segura de que no es de un árbol." Luego, cuando tienes hijos, comprendes lo que decían tus padres. Una vez, durante la reunión de Niñas Escuchas (Girl Scouts) de mi hija mayor, una de las mamás me preguntó dónde vivíamos. Se lo dije y su respuesta fue: "Oh, sé exactamente dónde está; mi criada vive allí." ¡Qué dolor! Ella lo dijo con una cara muy seria y en ese momento yo quería pedirle uno de sus árboles de dinero.

Nos lleva un tiempo comprender que nuestro carro puede influir, pero no determinar nuestra carrera. Sí, admito que es más cómodo viajar en una SUV que en un Mini Cooper. Sin embargo, en el Mini Copper ahorrarás gasolina. Todo tiene sus puntos buenos y malos, pero al final del día nuestra carrera es individual y el carro es perfecto para el viaje.

Desafortunadamente, nada nos gusta; el carro, el viaje y toda la carrera es ridícula. Dado que cada uno de nosotros solo puede experimentar su viaje, estamos seguros de que nuestra carrera es la peor. Nuestro camino es el más difícil. Estamos tan seguros de eso que pasamos gran parte de nuestra carrera tratando de convencer a otros de que nuestro camino es mucho peor que el suyo.

Por ejemplo, amaba a mi papá; él era el mejor papá. Sin embargo, era alcohólico y fumaba desde los 16 años. A raíz de eso falleció de un infarto a los 47 años; yo tenía 13 años en ese momento. Esta parte de mi carrera fue desafiante y garantizó que pasaría momentos difíciles a lo largo de mi viaje.

Sin embargo, entiendo que otros carros han tenido peores momentos durante esta carrera que el mío. Sí, mi papá era alcohólico, pero tenía un buen trabajo, era un proveedor excelente para nuestra familia y nunca fue violento, ni me golpeó. Estoy segura de que esa no fue la experiencia de otros. Sí, perdí a mi padre cuando tenía 13 años, pero, muchos carros nunca conocieron a su padre. Entiendo que es bastante fácil caer en la trampa de juzgar y comparar el recorrido de nuestro carro con el de otros. Sin embargo, durante mi carrera, mi viaje, y para mis lecciones, esa fue la experiencia que tuve que vivir; no es igual a la tuya porque cada carrera es diferente.

Lamento decirte esto, pero no podemos escoger el carro que tenemos. Las circunstancias de nuestra carrera tampoco están en nuestro control. Eso es muy difícil de aceptar; no es justo. Nos convencemos a lo largo de nuestra carrera de que podemos hacer que las cosas cambien, pensamos que podemos mejorarlo todo. El problema es que todo lo que queremos cambiar, está fuera de nuestro control. Queremos asegurarnos de que todo funcionará perfectamente y a nuestro favor. Pensamos: "Si hago lo que es correcto, si tomo la mejor decisión, **si** trabajo duro, entonces todo saldrá bien." Estamos seguros de que cuando todas las personas en nuestro camino cambien y entiendan nuestro punto de vista, entonces, de repente, el camino se abrirá. En ese momento, una alfombra roja cubrirá nuestro camino y nuestro carro flotará con unicornios disparando arcoíris. No funciona de esa manera.

Este viaje nos enseñará una lección importante:

¿Qué es lo único que podemos controlar?

Nosotros mismos.

¿Qué es lo único que podemos cambiar?

La forma en la que aceptamos nuestro carro.

¿Cuál es la única manera en que podemos hacerlo?

Un día a la vez.

¿Quieres saber cómo finalmente aprendí esta lección?

¡Sigue leyendo!

Capítulo 2: Balanceando tus carros

Durante nuestra carrera, tenemos que dar atención a varias cosas al mismo tiempo. En esos momentos sentimos que en lugar de un carro, estamos conduciendo varios. Cada carro maneja diferentes áreas de nuestra vida y nos sentimos halados en muchas direcciones. Una vez que te das cuenta de que tus carros se multiplican constantemente, es esencial aprender a balancearlos. Si mueves un carro, pero te olvidas de los demás, eventualmente algo saldrá mal.

Aprender a balancear tus carros es muy difícil. Nos exigimos tanto, que es imposible ver cómo hacerlo todo, a la misma vez y perfectamente. La razón por la que no encontramos cómo hacerlo es porque no se puede. Nuevamente, esto es algo que no podemos cambiar ni controlar.

Hay dos formas principales en que la gente conduce esta carrera: como los perezosos o como correcaminos. Si te gustan las fábulas, puedes elegir entre la tortuga y la liebre. No estoy aquí para decirles que uno es mejor que y el otro. Durante tu carrera, puedes conducir como quieras.

Los perezosos (las tortugas) son los que se toman todo a paso lento. Su objetivo es llegar a la meta, de forma lenta y constante.

Los correcaminos (las liebres) son los que van de prisa. No solo terminarán la carrera con fuerza, sino que serán más rápidos y mejores.

Estoy segura de que en este momento están eligiendo cuál es mejor o todas las razones por las que deberían o no actuar de esa manera. Nuevamente, estas razones no importan porque es nuestra carrera y no es una competencia.

Si eres feliz siendo un perezoso, entonces bien por ti. Si eres feliz siendo un correcamino, me alegro también. Ahora, ¿estás listo para la parte difícil? ¿Qué pasa si no estamos satisfechos? ¿Qué pasa si los perezosos no están contentos porque quieren más de la vida? ¿Qué sucede si los correcaminos nunca están felices con sus logros?

Yo soy parte de los correcaminos. Nuevamente, eso es algo que no elegí, es parte de mi personalidad. Debo estar moviéndome y haciendo cosas todo el tiempo. No podría, incluso si lo intentara tomar las cosas con calma. Además, soy perfeccionista, no le asigno ni un bien ni un mal a este rasgo porque es un poco de ambos.

Mientras crecía, me esforcé por ser la mejor. No fue porque mi familia esperara eso de mí; era algo que me exigía yo misma.

(Quiero reconocer que algunas familias si exigen a sus miembros que actúen de manera específica, aunque eso no es lo que quieren. Si eso es parte de tu carrera, lo siento.)

Durante mi tiempo en la escuela, quería sobresalir. No aceptaba menos que la perfección, y eso afectó mi salud durante mi adolescencia. Recuerdo cuando el médico le dijo a mi mamá: "Ella solamente necesita fracasar un par de exámenes en su vida y todos sus problemas desaparecerán."

En la iglesia formé parte del coro y del grupo de jóvenes. También di clases de Biblia a los niños después de misa. Durante la Navidad estuve allí como parte de las obras de teatro y actividades. Recogimos y envolvimos juguetes para los niños. Estuve allí durante la Semana Santa, el regreso a clases, el Día de Acción de Gracias y el campamento de verano.

Como mi papá falleció cuando yo tenía 13 años, comencé a trabajar a los 14 después de la escuela. Esto se añadió a todo lo demás que ya les dije. Recuerdo el día que una de mis mejores amigas de la universidad me dijo: "Nunca he conocido a nadie que tenga su vida organizada cada 15 minutos." En ese momento, yo pensé que eso era algo de lo que debía estar orgullosa.

A los 18 años me sentía en la cima, todo iba de acuerdo con mi plan. Siempre dije que quería casarme y tener hijos mientras era joven. Entonces, cuando conocí a ese chico guapo sabía que el próximo paso era matrimonio. Nos casamos cuando tenía 19 años y tuvimos nuestra primera hija un año después. Estaba haciendo todo bien; todos mis planes estaban alineados y estaba segura de que mi carrera sería fácil.

¿Podemos tomar aquí un momento para reírnos de mi inocencia?

Eso se sintió bien.

Sigamos. Mi esposo es un gran hombre, llevamos 26 años juntos; tenemos tres hijos y una nieta. Nuestra relación es sólida. Sin embargo, no ha sido fácil.

Cuando lo conocí, estaba manejando todos mis carros. Tenía uno para mi familia, donde estábamos lidiando con las consecuencias del fallecimiento de mi papá y adaptándonos a nuestra nueva realidad. Otro carro era para educación; donde tenía que trabajar con mis tareas escolares, mi graduación de cuarto año, la aceptación a la universidad y, finalmente, un cambio de carrera. Tenía mi carro de trabajo que hacía a tiempo parcial después de la escuela o en mis días libres. Mi carro de amistad era grande. Mis amigos de la escuela, la iglesia y la universidad tomaban gran parte de mi tiempo. También tenía mi carro de salud, que aunque mejoró mucho después de la secundaria, todavía tenía que cuidar algunas cosas. Finalmente, manejaba mi carro del dinero; ya que tuve que aprender a administrar mis finanzas para comprar lo que necesitaba sin ser una carga para mi mamá.

Así que tenía las manos ocupadas, pero estaba haciendo un trabajo decente manejando todos mis carros y asegurándome de que mi carrera transcurriera sin problemas. Estaba segura de que una vez casada todo sería lo mismo, lo único que añadiría sería mi esposo. Me olvidé de un pequeño detalle, él tenía sus propios carros.

Mi esposo es siete años mayor que yo; cuando lo conocí tenía 25 años, ya estaba divorciado y tenía una hija. También tenía muchos préstamos y deudas, por lo que su carro de dinero era pesado. Tenía su carro de familia, su carro de trabajo, su carro de amigos y su carro de salud, entienden la idea.

Luego de 26 años de matrimonio, yo tenía muchos carros para manejar. Cada uno de nuestros hijos también tenían sus propios carros, y decir que es abrumador es quedarse corto. Ahora, déjame aclarar algo aquí. Yo quería manejar todos estos carros. Siempre pensaba que era parte de ser esposa, madre, amiga, familia y empleada. Yo estaba segura de que es lo que se espera de cualquier adulto funcional que forme parte de una sociedad; tú tienes que manejar los carros. Estaba segura de que al ser un correcaminos, perfeccionista y sobresaliente, todo iba a estar bien. Estaba segura de que podría maniobrar todo lo que me depararía esta carrera.

Eso fue hasta el día que me derrumbé y me di cuenta de que no podía hacerlo más. Todo era demasiado para mí, la carga era muy pesada. Me choqué con una pared. En ese momento comprendí que no podía controlarlo todo, no podía hacer que las cosas sucedieran como yo quería y que estaba bien si no era perfecta. Necesitaba ser feliz, lo que significaba dejar de lado el control y la idea de perfección. Como dice Cas de Clutterbug: "No obtenemos puntos adicionales por hacer las cosas de la manera más difícil."

No solo es esencial sino imperativo que aprendamos a balancear nuestros carros. Somos los únicos que decidimos cómo llevamos nuestra carrera. Eres el único a cargo de tus carros. Deja a un lado la presión de las expectativas de otras personas. Olvida la idea de quiénes debemos ser para tener una carrera exitosa, de cuántos carros necesitamos tener. La perfección es una opinión; nunca lo lograrás porque cada persona lo define de manera diferente, y no puedes hacer felices a todos, solo a ti.

Éxito es otra palabra que es diferente para cada persona y cada uno decide lo que significa en su carrera. Sería útil que no vivieras tu vida tratando de lograr la idea de éxito de otra persona. Necesitamos elegir qué carros tendremos en nuestro viaje y luego debemos balancearlos todos, poniéndonos nosotros en primer lugar.

No quiero que llegues a un punto donde te derrumbes para que puedas entender:

¿Qué es lo único que podemos controlar?

Nosotros mismos.

¿Qué es lo único que podemos cambiar?

La forma en la que aceptamos nuestro carro.

¿Cuál es la única manera en que podemos hacerlo?

Un día a la vez.

¿Qué necesitamos para mantener la cordura durante esta carrera?

Necesitamos balancear nuestros carros y ponernos en primer lugar.

Tuve que aprender otra lección para balancear mis carros y finalmente ponerme en primer lugar. Te cuento, ¡sigue leyendo!

Capítulo 3: Buenos conductores, malos conductores

Nadie dijo que todos los conductores que encontraríamos en nuestra carretera serían buenos. Una de las lecciones que debemos aprender es que a veces algunas personas simplemente son malos conductores y la única razón por la que están ahí es para enseñarnos.

Estamos en la carretera, conduciendo nuestros carros e intentando hacer un buen trabajo. Empezamos a ver a nuestro alrededor y encontramos otros carros allí. Estamos seguros de que también están intentando hacer un buen trabajo. Todos estamos en la carrera de la vida, tratando de dar lo mejor de nosotros mismos. Comenzamos a sonreír porque la vida es buena y esos carros quieren lo mejor para nosotros. Todos somos humanos y estamos juntos en el camino. De repente, uno de esos carros nos golpea, quiere sacarnos de su camino. Estamos sorprendidos. ¿Cómo puede ser? Debe haber un error.

En la escuela, a todos nos enseñaron a ser amigables y a llevarnos bien. "Aquí todos somos amigos", nos decían. Entonces, un día, en el recreo, estábamos jugando y durante una carrera, otro estudiante nos empujó y nos raspamos las rodillas. La maestra vino corriendo y dijo: "Fue un accidente. No fue su intención." Luego se dio la vuelta y le dijo al estudiante: "Di que lo sientes." El estudiante dijo: "Lo siento." Y dijimos: "Está bien." Pero la verdad es que ni la disculpa era sincera ni para nosotros estuvo bien.

Si creciste como yo en la iglesia, desde pequeño te enseñaron que todos somos buenos de corazón. Todos somos hijos de Dios y necesitamos ayudarnos unos a otros. Aprendemos a acercarnos a todos con la idea de que son buenos. Serán amables con nosotros si nosotros somos amables con ellos. Si les ayudamos, ellos nos ayudarán. Si la persona actúa incorrectamente es porque está pasando por un momento o día difícil. Mi parte favorita era cuando le daban la vuelta a todo y preguntaban: "¿Qué hiciste para que actuaran de esa manera? Debes haber hecho algo para molestarlos."

Como queremos ser buenos conductores y creemos que todos son buenos de corazón, conducimos por nuestra carretera sin protegernos. Somos un libro abierto. Queremos ayudar a la gente. Queremos mejorar las cosas. Llevamos el corazón en la manga. Creemos que la gente nunca nos hará daño a propósito. Lamentablemente, a medida que seguimos corriendo por la carretera, conduciendo nuestros carros, nos encontramos con más situaciones que desafían esas ideas.

Voy a tener cuidado al escribir este punto porque sé que puede ofender a algunas personas. Entiendo que a los que me refiero en este capítulo como malos conductores podrían tener un trastorno mental y que su condición es parte de su carro. Es posible que las personas que sufren de narcisismo, trastorno de personalidad antisocial, adicción, mentiras patológicas, trastorno límite de la personalidad o depredadores sexuales, para nombrar algunos, no puedan controlar esos rasgos. Para cambiar necesitan reconocer su problema, estar dispuestos a buscar ayuda, y seguir un tratamiento. Sin embargo, sabemos que esto no es fácil ya que la mayoría de estos conductores están convencidos de que están bien y que todos los demás tienen el problema.

Considerando nuestra primera lección, de que solo nos podemos controlar a nosotros mismos, es una situación complicada cuando nos encontramos con este tipo de conductores en la carretera. ¿Por qué? Porque estamos luchando entre la creencia, ellos son buenos de corazón y queremos ayudarlos a ser mejores; y la realidad, no podemos cambiar a nadie.

Es en ese momento que nos encontramos con el problema del conductor "bueno". Nos convertimos en el objetivo de esos conductores malos. Una vez escuché que nuestra vida sería mucho más fácil si las personas fueran como los carros de NASCAR, con todos los letreros alrededor que nos permitieran saber quiénes son. Imagínate lo fácil que sería si ves un carro acercándose a ti en la carretera y ves el anuncio que dice: "mentiroso compulsivo." ¡Increíble! Eso sería mucho más fácil. Podríamos pisar el acelerador y alejarnos lo más posible de ese carro. Si no nos queda otra opción, digamos que es un compañero de trabajo. Puedes asentir y sonreír mientras piensas: "Te veo y no creo ni una palabra de lo que estás diciendo en este momento."

Lamentablemente, la carrera de la vida no es así. No recibimos pistas ni instrucciones, debemos aprender mientras conducimos. Eso significa caer en mentiras o manipulaciones. Nuevamente, quiero asegurarme de que comprendan que no estoy diciendo que los malos conductores no deben circular por las carreteras. También es su carrera, y ellos están aprendiendo de su viaje tanto como nosotros del nuestro. Muchos de esos conductores con los que nos encontramos tienen una razón para estar ahí. Puede doler, dejarnos una abolladura durante el resto de la carrera y casi sacarnos de la carretera por completo, pero si sobrevives la lección, te convertirás en un mejor conductor.

Cuando nos convertimos en mejores conductores, aprendemos la lección y sobrevivimos esa parte de nuestro camino, entendemos que tenemos derecho a elegir quién está a nuestro lado en nuestro viaje. Es una lección difícil de aprender, pero que cambia nuestra vida para siempre. Comprendemos que esos malos conductores podrían ser nuestros padres, hermanos, familia, amigos, compañeros de trabajo, parejas y, sí, incluso nuestros hijos. Entonces aprendemos a decir que no porque sabemos que es nuestra carrera y somos el único carro que podemos controlar. Seremos los mismos conductores hermosos, amables y buenos que éramos antes. Entendemos que no tenemos que ser el parachoques al que todos golpean en nuestra carrera. Tenemos el control de nuestro carro y somos fuertes.

Esta lección irá en contra de todo lo que nos enseñaron porque ponernos primero y tener límites es para conductores egoístas. Los conductores buenos y amables siempre están pendientes de los carros de los demás, ya no. Ahora sabemos que esos malos conductores no tienen que ser parte de nuestra carrera, no es nuestro trabajo manejar sus carros, y no pertenecen en nuestro viaje.

Así que la próxima vez que nos enfrentemos a un mal conductor, recuerda:

¿Qué es lo único que podemos controlar?

Nosotros mismos.

¿Qué es lo único que podemos cambiar?

La forma en la que aceptamos nuestro carro.

¿Cuál es la única manera en que podemos hacerlo?

Un día a la vez.

¿Qué necesitamos para mantener la cordura durante esta carrera?

Necesitamos balancear nuestros carros y ponernos en primer lugar.

¿Cómo nos ponemos en primer lugar?

Sacando a los malos conductores de nuestro viaje.

Ahora que hemos aprendido estas lecciones, estamos listos. El camino está por delante y nuestro viaje nos espera. ¿Nos sentimos más seguros de nuestras habilidades como conductores? ¿Podremos enfrentar los obstáculos en el camino?

Deje que mis lecciones les ayuden a comprender estas condiciones difíciles de viaje. ¡Sigue leyendo!

Parte 2: Los obstáculos en el camino

23

Capítulo 4: Desvíos

Seamos honestos, por mucho que queramos poner nuestro coche en piloto automático desde el principio de nuestra carrera hasta el final, los obstáculos nos obligarán a reducir la velocidad. Uno de estos obstáculos son los desvíos en la carretera. La mayoría de los desvíos que enfrentaremos son inesperados y pueden cambiar nuestras vidas para siempre.

Estamos conduciendo, es un día hermoso y estamos felices porque todo está saliendo bien. Nuestra carrera va bien y todo está bajo control, o eso es lo que pensábamos. De repente lo vemos, un desvío adelante, y sin que podamos opinar al respecto, nuestro camino familiar cambia. Ahora nos enfrentamos a una nueva ruta con muchas incógnitas y no podemos evitar preguntarnos por qué.

¿Recuerdan cuándo les dije que me casé a los 19 años? Estaba en mi tercer año de universidad y entonces trabajaba a tiempo parcial. Me mudé a la ciudad de mi esposo, por lo que ahora conducía 45 minutos para llegar a la universidad cuando anteriormente vivía a poca distancia. Fue un ajuste y más de una vez me quedé dormida en clase porque estaba exhausta. Sí, estaba feliz, pero agregar tantos carros nuevos a mi carrera fue un desafío. Sin embargo, soy un correcaminos y por supuesto, lo más inteligente en esa situación es tener un bebé.

Estuvimos casados durante tres meses cuando quedé embarazada. No fue un accidente; lo discutimos y lo teníamos todo planificado. Mi esposo era camionero y a mí me iba bien en la universidad mientras trabajaba a tiempo parcial. Tendría la bebé durante el verano antes de comenzar mi último año y mi mamá estaba más que feliz de cuidar a su primera nieta. Teníamos todo preparado y estábamos felices y emocionados.

¿Listos para el desvío? Mi esposo perdió su trabajo. Los camioneros se declararon en huelga y la empresa decidió despedirlos a todos. Genial, teníamos una bebé recién nacida y no teníamos trabajo. En ese momento, yo no estaba trabajando por maternidad. Nuestra carrera se detuvo repentinamente y necesitábamos un plan nuevo. Mi esposo recibió una oferta de trabajo en Florida y, después de que hablamos, decidió aceptarla.

Eso es lo que yo llamo un desvío; pasé de tener toda mi vida planificada a empezar de nuevo en otro país. Tenía 20 años, una bebé de 3 meses y estaba sola por primera vez en mi vida. Dejamos atrás a toda nuestra familia y amigos. Dejé la universidad y me convertí en ama de casa. Mi esposo trabajaba 14 horas al día, seis días a la semana y solo teníamos un auto. Los domingos íbamos al supermercado y comprábamos todo lo que necesitaba para pasar la semana. Vivíamos en un apartamento de 1 dormitorio sin nada a poca distancia y no tenía nada que hacer durante la semana. Me sentía miserable y deprimida. ¿Por qué? Me preguntaba todo el tiempo. Tenía todo planificado, lo hice todo bien.

Todos podemos pensar en uno o varios desvíos en nuestra vida. Esos momentos en los que la vida pone una salida en el camino y necesitamos tomar una decisión que cambia el rumbo de nuestro viaje. A veces, no es tu decisión tomar ese desvío, como cuando tu cónyuge te pide el divorcio. Otras veces, tus acciones y decisiones pueden cambiar el camino. Es fácil caer en la trampa de preguntar por qué, de sentir lástima por nosotros mismos. De alguna manera, nos cuesta entender que cada decisión tiene una consecuencia. Es aún más difícil aceptar que las decisiones de otras personas también puedan traer consecuencias a tu carrera. Esa sensación de no poder controlar nuestras vidas ni nuestro futuro, sabiendo que todo puede cambiar en un abrir y cerrar de ojos, es difícil de aceptar.

Sin embargo, cuando aceptamos esos cambios, se abre ante nosotros un mundo nuevo de posibilidades. Me tomó un año comprender que tenía que dejar mis lamentaciones y hacer nuevos planes para nuestra vida. Dejé de mirar lo que había dejado atrás y comencé a enumerar todas las alternativas que tenía delante de mí. Después de eso, lo intenté. Sabía que todavía tenía mucha vida por delante y la probabilidad de tener más desvíos en nuestra vida era real. Sin embargo, sabía que podía lograrlo si enfrentaba los desvíos de mi camino como nuevas posibilidades.

Porque en nuestra carrera debemos recordar:

¿Qué es lo único que podemos controlar?

Nosotros mismos.

¿Qué es lo único que podemos cambiar?

La forma en la que aceptamos nuestro carro.

¿Cuál es la única manera en que podemos hacerlo?

Un día a la vez.

¿Qué necesitamos para mantener la cordura durante esta carrera?

Necesitamos balancear nuestros carros y ponernos en primer lugar.

¿Cómo nos ponemos en primer lugar?

Sacando a los malos conductores de nuestro viaje.

¿Cómo podemos aceptar los desvíos en nuestro camino?

Viéndolos como nuevas posibilidades.

Admito que la posibilidad de enfrentar desvíos en nuestra carretera da miedo, pero tener accidentes en la carretera lleva las cosas a un nivel completamente nuevo.

Si quieres conocer esta lección, ¡sigue leyendo!

Capítulo 5: Accidentes en la carretera

Incluso los mejores conductores pueden sufrir accidentes.

¿Por qué?

Debido a que no puedes controlar los carros de todos, incluso si tomas precauciones, medidas de seguridad y clases, aún puedes sufrir un accidente.

A veces, es tu culpa porque cometes un error a pesar de todos tus esfuerzos.

¡Somos humanos, recuerda!

Otras veces no es tu culpa y sin ningún control de la situación, solo puedes esperar el impacto.

Es otro día cuando te encuentras en tu carro camino a casa. Estás cansado después de un día largo de trabajo y quieres descansar un poco. El tráfico de la tarde es más intenso de lo habitual y entonces te das cuenta de que algo anda mal. Escuchas sirenas y sabes que hubo un accidente y no tienes idea de cuánto tiempo tendrás que esperar. Aunque te molesta la larga espera, podrías pensar que las personas involucradas en el accidente tienen un día peor. Nadie quiere verse involucrado en un accidente; a veces, puede cambiar tu vida para siempre.

En la carrera de la vida también nos encontramos con accidentes que pueden alterar nuestro camino. A veces, nuestros accidentes pueden ser un inconveniente temporal o pueden ser un evento que cambia la vida. En mi caso, nuestro accidente fue un accidente real y creó un efecto dominó que duró cinco años.

Era el año 2006; habíamos estado casados durante nueve años. Teníamos a nuestra hija de 8 años y a nuestro hijo de 3 años. Después de la muerte de mi mamá por cáncer, que fue una lección fuerte para mi carrera, y de perder nuestra casa móvil a causa de un huracán, tampoco fue una experiencia divertida. Volvíamos a la normalidad y nos sentíamos felices después de comprar nuestra segunda casa, una casa nueva en una urbanización. Tuvimos la oportunidad de elegir el terreno que queríamos y el diseño de la casa. Elegimos todo, desde los azulejos para la cocina y los baños y el piso; era la casa de nuestros sueños. Nos mudamos y seis meses después, en diciembre del 2006, mi esposo tuvo un accidente en su camión.

Ese día mi esposo conducía remolques dobles y, mientras estaba detenido en un semáforo en rojo, otro camionero lo golpeó por detrás. No estaba prestando atención, por lo que no se dio cuenta de que la luz estaba en rojo. Puedes imaginar el impacto; no era un carro, sino otro camión. Mi esposo no se movía; estaba esperando la luz verde. Como tenía dos remolques enganchados a su camión hizo que la onda del impacto fuera más dura. Doy gracias a Dios todos los días porque estuvo bien y no tuvo que ir al hospital. Sin embargo, con el tiempo las cosas empeoraron y nos dimos cuenta de que tenía tres discos herniados, se había dañado el cuello y tenía bursitis en el hombro derecho. ¿Pueden darnos un respiro? Hemos pasado por tantas cosas y ahora esto.

Mi esposo tardó un año después del accidente en volver a trabajar. Incluso cuando regreso, el dolor era terrible, y en par de ocasiones, cuando intentaba agacharse para coger algo, se quedaba atascado y no podía volver a levantarse. Fue una situación aterradora. Tuvo que tomar la decisión de dejar de trabajar y darle tiempo suficiente a su espalda para que sanara, o podría terminar paralizado. Tenía apenas 36 años y ahora era su turno de caer en una depresión.

La única manera de darle suficiente tiempo a mi esposo para sanar, era regresar a Puerto Rico, y así lo hicimos. Era el verano del 2009, yo me acababa de graduar de mi bachillerato de la universidad y podía trabajar mientras él mejoraba. Sin embargo, lo perdimos todo, nuestra casa, nuestro negocio y nos declaramos en quiebra. Esta experiencia fue una parte extremadamente difícil de nuestro viaje para todos. Mi esposo todavía era joven, pero no podía mantener a nuestra familia. Nuestros hijos tuvieron que acostumbrarse a un nuevo entorno y a escuelas desconocidas. Ellos hablaban español y viajaban con frecuencia a Puerto Rico de vacaciones, pero aún así el cambio fue duro para ellos. Además, yo tampoco estaba lidiando bien con la situación, viendo cómo todo lo que trabajamos tan duro para construir se desmoronaba.

Nos tomó dos años decidir regresar a Florida. En el 2011, mi esposo se sentía mucho mejor y, después de llamar a su jefe, recuperó su trabajo. Mis hijos estaban listos para regresar y yo también. Aunque tenía un trabajo excelente y muchos amigos, tenía que hacer lo mejor para todos.

Tuvimos que empezar desde el principio con un solo auto y casi sin muebles, pero lo hicimos y pudimos reconstruir todo. Tomó mucho tiempo y trabajo. En el 2016, compramos nuestra tercera casa, diez años después de la segunda casa y un año después de tener nuestra tercera hija, una historia para otro momento.

Nadie quiere verse involucrado en un accidente. Es más frustrante cuando no fue tu culpa, pero tienes que pasar por todos los problemas y contratiempos. Sin embargo, como ocurre con todo en nuestro viaje, cada accidente que sufrimos durante nuestra carrera nos deja una lección. Por favor no te enojes conmigo. Sé que no es fácil de aceptar; es difícil, pero sigue siendo la verdad. Ahora, cuando pensamos en el pasado, doy gracias a Dios por su ayuda y no cambiaría nada. Sí, fue una lección difícil de superar. Al mismo tiempo, fortaleció a nuestra familia. Nuestro matrimonio es mejor porque pasamos por todo esto juntos. Ahora valoramos más todo porque sabemos lo duro que tuvimos que luchar para tenerlo. Y si volvemos a perderlo todo, no es el fin del mundo y podemos lograrlo.

Entonces, cuando estés pasando por un accidente en tu vida, recuerda:

¿Qué es lo único que podemos controlar?

Nosotros mismos.

¿Qué es lo único que podemos cambiar?

La forma en la que aceptamos nuestro carro.

¿Cuál es la única manera en que podemos hacerlo?

Un día a la vez.

¿Qué necesitamos para mantener la cordura durante esta carrera?

Necesitamos balancear nuestros carros y ponernos en primer lugar.

¿Cómo nos ponemos en primer lugar?

Sacando a los malos conductores de nuestro viaje.

¿Cómo podemos aceptar los desvíos en nuestro camino?

Viéndolos como nuevas posibilidades.

¿Cómo podemos recuperarnos de nuestros accidentes?

Aceptando que nos hacen más fuertes.

Una vez que pasas por un accidente que sacude tu vida, piensas que ya nada puede derribarte. Esta carrera te demostrará lo contrario.

Si quieres saber de la lección que casi me destruye, ¡sigue leyendo!

Capítulo 6: El tornado en el camino

Este tipo de tormentas son impredecibles y es difícil prepararse para ellas. Incluso con las mejores intenciones y planes cuidadosamente elaborados, no puedes hacer mucho cuando la vida te pone un tornado en el camino.

Solo puedes agarrarte fuerte, esperar poder llegar al otro lado y luego intentar reconstruir todo con lo que queda atrás.

Otro punto importante es que aunque un tornado en tu camino dure poco, cuando estás en él, es interminable.

"Las cosas van mal. No se puede explicar ni predecir." Película-Twister (1996).

Si viste la película Twister, seguro que pensaste, más de una vez, ¿qué harías si te encontraras con ese tipo de tormenta en el camino? Con las cámaras de los carros y los teléfonos móviles, hemos visto vídeos en directo en los que los carros son arrastrados hacia estos vórtices de viento. Cada vez que veo uno de estos vídeos, pienso en las personas que están en el carro. ¿Cómo se sienten? ¿Qué están pensando en ese momento? Conteniendo la respiración, esperando que estén bien.

En la carrera de la vida, podríamos encontrarnos con una de estas tormentas. Si piensas que los desvíos y accidentes en la carretera podrían ponerte a prueba, el tornado en la carretera tiene el poder de destruirte. Me enfrenté a una de estas tormentas y casi me derriba. Sin embargo, sobreviví y es por eso que estoy escribiendo este libro. Quiero que sepas que tú también puedes hacerlo.

Ser padres nos da la fuerza de resistir cualquier desafío que enfrentemos y encontramos la fuerza para enfrentar cualquier cosa. Una de mis citas favoritas es: "Nunca sabes lo fuerte que eres hasta que ser fuerte es tu única opción." Todos hemos visto vídeos de madres quitándoles el carro de encima a sus hijos. La adrenalina del momento les da la fuerza para hacer lo necesario para salvarlos. Otras veces, la fuerza no es física, sino emocional y mental.

En algunos casos, estos retos pueden tener un final feliz. Sin embargo, ¿qué sucede cuándo te das cuenta de que no tienes el control para evitar que las cosas sucedan? ¿Qué pasa si a pesar de tus mejores esfuerzos, las cosas salen mal?

"No puedo esperar a que mis hijos crezcan." Este comentario es algo que estoy segura hemos escuchado y dicho más de una vez. A medida que los hijos crecen, entendemos el error de esa afirmación y sólo podemos sonreír y asentir cuando escuchamos a un padre más joven decir lo mismo. La verdad es que cuando tus hijos son pequeños es el mejor momento de tu experiencia de maternidad. ¿Por qué? Porque tú sabes lo que están haciendo, garantizando que su entorno y sus amigos estén seguros. Cuando empiezan a crecer, todo eso se va por la ventana. Puedo oírte decir: "Sólo necesitas enseñarles lo bueno y lo malo y confiar en que tomarán las decisiones correctas." Bueno, eso tampoco funciona. A veces, elegirán la decisión correcta, pero eventualmente cometerán un error. Unos más que otros y no podemos hacer nada al respecto. Lo hemos hecho nosotros mismos y pensar que nuestros hijos no cometerán errores no es una expectativa real.

Darme cuenta de esto fue una píldora difícil de tragar para mí. Quería ser la mejor mamá. Por supuesto, sabía todo lo que mi mamá había hecho mal y me iba a asegurar de que yo no hiciera lo mismo. Por esa razón, leí todos los libros, vi todos los videos e hice toda mi investigación para brindarles a mis hijos todas las oportunidades para que tuvieran éxito. En otras palabras, sus carros estaban listos para correr y tenían todo el conocimiento para tener la mejor carrera y un buen viaje. Eso solo duró hasta la graduación de la escuela secundaria. Cumplieron 18 años y nos dimos cuenta de que cualquier cosa puede suceder.

Mi hija mayor tenía 20 años cuando conoció a alguien y decidió casarse. Aunque mi esposo y yo sabíamos que no era la decisión correcta, no pudimos hacer nada al respecto. Conforme pasó el tiempo, le dije que debería esperar antes de tener un bebé. Sabíamos que las cosas no iban tan bien como ella intentaba hacernos pensar y ella no estaba feliz, pero claro, tampoco fue decisión nuestra. Estuvo casada durante dos años y medio cuando decidieron tener un bebé y quedó embarazada de inmediato. Durante su quinto mes de embarazo, su marido pidió el divorcio. Fue en ese momento, cuando ella estaba sufriendo un accidente durante su viaje que me hizo saber que todo fue culpa mía.

Mi hijo no estaba mucho mejor. Él se enlisto en el ejército antes de graduarse de la escuela secundaria y comenzó a recibir entrenamiento básico en julio después de su graduación. El Army era su sueño y todos sus planes giraban en torno a tener una carrera militar. Al igual que su papá, tiene debilidad por los automóviles, pero no tomó las mejores decisiones ni hizo los mejores negocios. Esto nos costó mucho dinero a él y a nosotros. Su historial con las mujeres también podría haber sido mejor. Estas relaciones le costaron mucho dinero, un par de accidentes y terminaron arruinando su crédito. Todo esto sucedió durante sus dos años de servicio. En marzo del 2022, fue dado de baja del ejército (junto con muchos otros miembros del servicio) y nuevamente, durante este desvío en su vida, se encontró de regreso en casa.

Mientras los veía luchar con todo lo que estaba pasando yo no podía evitar culparme. Cuando ambos hijos regresan a casa después de intentar su vida como adultos y fracasar, es fácil tratar de pensar en el pasado y encontrar dónde me equivoqué. Pensaba: "Desperdicié mi vida". Yo quería ser una buena madre, y ¿qué dice de mí que mis dos hijos no hayan tenido éxito? Peor aún, ¿cómo puedo

seguir criando a mi hija menor cuándo ahora lo dudo todo y temo que no vuelva a funcionar? Me tomó un tiempo entender que ellos no fallaron; fue solo una parte de su viaje. Tuvieron que pasar por la experiencia para aprender una de las muchas lecciones que encontraran en el camino. Como mamá, tampoco fallé, aunque esa parte me llevó más tiempo aprenderla.

Si cree que tus accidentes en la carretera son graves, intente presenciar los accidentes de sus hijos. He tenido un buen matrimonio; tener que pasar por un proceso de divorcio con mi hija es mucho peor. Tratar de ayudarla a enfrentar la realidad de ser una madre soltera, algo que tampoco quería para ella. Ayudar a mi hijo a reconstruir su trayectoria profesional y su crédito es una experiencia desafiante. Todos en nuestra casa tuvimos dificultad para adaptarnos a nuevos caminos en nuestros viajes durante dos años.

Entonces sucedió, el tornado en la carretera. Recibí una llamada telefónica de mi hija que cambiaría nuestras vidas para siempre. Mi nieta de 10 meses estaba en el hospital. Mi hija recibió un mensaje del padre de la bebé diciendo que la pequeña tenía convulsiones. Ella estaba saliendo del trabajo y se dirigía directamente a la sala de emergencias. Pasamos siete semanas con mi nieta en el hospital. Casi la perdemos y que todavía podamos tenerla con nosotros es un milagro. Sin embargo, ahora tiene daño neurológico permanente y no tenemos idea de cuál será su pronóstico.

En ese momento, durante esas semanas, vi desmoronarse lo que quedaba de mi familia. Mi esposo, que siempre es el fuerte, se derrumbó por completo. Ver a nuestra nieta luchando por su vida en esa cama de la UCIP fue una experiencia que lo cambió para siempre. La cantidad de coraje y odio que irradiaba de él es algo que nunca he visto y que desearía no volver a ver. Tantas preguntas pasaban por su cabeza y se preguntaba qué podría haber hecho para evitarlo.

Mi hija se movía en piloto automático. Ni siquiera puedo imaginar su desesperación ante la posibilidad de perder a su hija y, al mismo tiempo, sentirse culpable porque, a pesar de todos sus mejores esfuerzos, no pudo protegerla. Incluso ahora, sin respuestas definitivas ni pronósticos para el futuro, tiene que aprender a cómo va a enfrentar esta situación sola.

Mi hijo siempre ha sido el silencioso. Él es quien sufre, pero no lo demuestra porque piensa que debe ser fuerte para los demás. Como su madre, sabía lo que él sentía y lo que estaba pensando. Necesitaba asegurarme de que tuviera una salida para ese coraje antes de que pudiera causarle daño.

Mi pequeña, tan llena de amor, mantuvo una actitud optimista durante toda la situación. No es tarea fácil explicarle a una niña de ocho años que su sobrina podría estar muriendo. Ella estaba confundida y tenía muchas preguntas. Las mismas que teníamos nosotros y lamentablemente no teníamos las respuestas. Esos primeros cinco días fueron muy fuertes; ella no fue la excepción. Una de esas noches en que estábamos orando, ella me dijo: "Creo que Jesús ya no me ama porque no escucha mi oración". Eso es un disparo directo a tu corazón. Afortunadamente, Jesús estaba escuchando sus oraciones y al día siguiente recibimos la noticia de que la actividad cerebral de la bebé había regresado.

Ni siquiera puedo empezar a describirles la cantidad de coraje, frustración y sentimiento de impotencia que pasé durante ese tiempo. Nuestra familia, que había pasado, por tanto, no estaba preparada para esta tormenta. Me tomó mucho tiempo y lágrimas comprender que no puedo controlarlo todo. No podría hacerlo, incluso si hubiera querido arreglar las cosas para todos, no estaba en mis manos. Pasamos meses preguntando, luchando y buscando respuestas, solo para que las personas y doctores nos dijeran: "Tienes que dejarlo ir".

En ese momento, no estaba preparada para escuchar esas palabras. Sin embargo, al final lo acepte y lo deje ir, porque no estaba en mis manos. Había muchas personas involucradas en esta situación, cada uno de nosotros conduciendo en nuestro viaje al mismo tiempo. Aun cuando su carrera y su viaje me estaban causando mucho dolor, tuve que dejar que las cosas siguieran su curso.

Fue en ese momento de mi vida cuando finalmente entendí que no era responsable de las decisiones de otras personas. Mis hijos necesitaban aprender por sí mismos. Sabía que tenía que soltar y dejar que cada uno aprendiera sus lecciones porque no son iguales para todos, y al tratar de salvarlos de la lección, no les estaba haciendo ningún favor.

Tuve que experimentar este tipo de tormenta en mi vida para finalmente entender:

¿Qué es lo único que podemos controlar?

Nosotros mismos.

¿Qué es lo único que podemos cambiar?

La forma en la que aceptamos nuestros carros.

¿Cuál es la única manera en que podemos hacerlo?

Un día a la vez.

¿Qué necesitamos para mantener la cordura durante esta carrera?

Necesitamos balancear nuestros carros y ponernos en primer lugar.

¿Cómo nos ponemos en primer lugar?

Sacando a los malos conductores de nuestro viaje.

¿Cómo podemos aceptar los desvíos en nuestro camino?

Viéndolos como nuevas posibilidades.

¿Cómo podemos recuperarnos de nuestros accidentes?

Aceptando que nos hacen más fuertes.

¿Cómo sobrevives a un tornado en tu camino?

Aprendiendo a soltar y dejarlo ir.

Estoy segura de que puedes contarme sobre el tornado en tu vida. Si no has pasado por uno, me alegro por ti y espero que nunca pases por eso. Sin embargo, aprendí algo importante al enfrentar todos esos obstáculos en mi vida. Debo cuidarme.

Si quieres saber qué me pasó para aprender esa lección, ¡sigue leyendo!

Parte 3: Cuidando tu carro

41

Capítulo 7: Echar gasolina

¿Por qué necesitamos gasolina?

Porque nuestros carros no pueden funcionar vacíos.

Sin embargo, corremos por la vida sin preocuparnos de nosotros mismos ni rellenar nuestros tanques. Necesitamos recargar tanto físicamente, mentalmente y espiritualmente.

El dicho: "No se puede dar lo que no se tiene" se repite todo el tiempo.

"Necesitas cuidarte mejor." Este hermoso sentimiento es tan profundo, pero difícil de hacer.

Nos sentimos culpables si nos tomamos el tiempo para descansar, pero alguien tiene que decir esto: "Oye, tú, el que va con la aguja del tanque de gasolina en la E. Si no te cuidas, te pararás en medio de la carretera. Provocarás atascos, accidentes y forzarás desvíos para mucha gente."

Entonces, al parar por gasolina, estás haciendo un servicio público.

¿Estás en el grupo que piensa que necesitan echar gasolina en sus carros cuándo la aguja está en medio tanque, o eres uno de los temerarios a los que les gusta correr con la luz del gas encendida porque quieren vivir en el límite? De cualquier manera, necesitamos agregar gasolina a nuestros carros con regularidad para poder usarlos. Incluso si el precio del gas te hace desear que funcionen con agua.

Durante la carrera de la vida, también necesitamos agregar gasolina a nuestros carros. Debemos cuidarnos para conducir, pero esto nos da trabajo porque nos enseñan desde pequeños a no ser egoístas. Muchos consideran que cualquier cuidado personal es egocentrista y está mal visto. Especialmente si eres madre, se espera que antepongas las necesidades de todos a las tuyas. Sabemos que necesitamos un descanso y que necesitamos tiempo para nosotros mismos, pero rara vez lo tomamos. Somos buenos esforzándonos, a veces más allá de lo que es saludable. Cuando tu familia te necesita, es fácil olvidarte de ti mismo.

Mientras mi mamá estuvo enferma, me quede con ella durante cuatro meses en Puerto Rico. Mi esposo permaneció en Florida. Durante ese tiempo, mis hijos mayores tenían 7 y 2 años, y mi hermano menor todavía vivía en casa mientras asistía a la universidad. Era difícil cuidar de todos y, al mismo tiempo, llevar a mi mamá a sus tratamientos contra el cáncer y a sus citas médicas. Perdí mucho peso y apenas dormía, pero a mis 27 años, yo podía hacerlo sin quemarme.

Sin embargo, cuando mi nieta estuvo en el hospital, yo tenía 45 años, y créanme, no es lo mismo. Si intentas ser todo para todo el mundo y someterte a ese tipo de estrés algo se dañará. Esta vez, solo pasaron dos meses antes de que me encontrara en la parte trasera de una ambulancia. Cuando llegué al hospital y hablé con el médico, me preguntó: "¿Has estado bajo estrés últimamente? ¿Tienes problemas para dormir? ¿Qué tal tu dieta? ¿Estás comiendo?". Bueno, eso fue tres por tres y estoy fuera. Estaba corriendo con el tanque de gasolina vacío. En ese momento, no le estaba haciendo ningún favor a nadie al estrellarme contra una pared. Lo menos que necesitábamos en ese momento era que me enfermara.

Si bien tu salud física es fundamental, también debes cuidar tu salud emocional, espiritual y mental; esto también es parte de ponerle gasolina a tu auto. No somos máquinas y la cantidad de cosas que queremos lograr en un día es imposible. Nuestras mentes no pueden procesar tanto estrés. Debemos ser amables con nosotros mismos porque incluso si nos esforzamos al límite, eventualmente nos quedaremos sin gasolina.

Tenemos que parar y preguntarnos: "¿A quién intentamos impresionar? ¿Creemos que somos indispensables y que nadie puede hacer lo que hacemos? ¿Recibiremos un premio por ser la persona más indispensable que existe? ¿Queremos reconocimiento o aprecio? ¿Es nuestra responsabilidad de administrar todo y garantizar que todos estén bien? ¿Estamos tratando de cumplir la idea de otra persona sobre cómo debemos actuar? ¿Queremos resolver el hambre en el mundo y lograr la paz mundial simultáneamente?"

Decidí que primero me tenía que amar a mí misma. Porque amo a mi familia, no es saludable llevar el peso del mundo sobre mis hombros. Eso significa renunciar a la idea de perfección y confiar en que cada persona haga lo que debe hacer por sí misma, incluso si no hace las cosas de la misma manera que yo. Incluso si cometen errores, los amaré y respetaré a lo largo del camino. Finalmente, yo pude comprender que es su viaje. Suena simple y lógico, pero requiere trabajo. Sin embargo, si yo lo hice; tú también puedes hacerlo.

No esperemos estar en el hospital para comprender:

¿Qué es lo único que podemos controlar?

Nosotros mismos.

¿Qué es lo único que podemos cambiar?

La forma en la que aceptamos nuestros carros.

¿Cuál es la única manera en que podemos hacerlo?

Un día a la vez.

¿Qué necesitamos para mantener la cordura durante esta carrera?

Necesitamos balancear nuestros carros y ponernos en primer lugar.

¿Cómo nos ponemos en primer lugar?

Sacando a los malos conductores de nuestro viaje.

¿Cómo podemos aceptar los desvíos en nuestro camino?

Viendolos como nuevas posibilidades.

¿Cómo podemos recuperarnos de nuestros accidentes?

Aceptando que nos hacen más fuertes.

¿Cómo sobrevives a un tornado en tu camino?

Aprendiendo a soltar y dejarlo ir.

¿Cómo cuidamos nuestro carro?

Cuidándonos a nosotros mismos.

Cuidar tu carro puede ser más trabajo de lo que pensabas.

"Se necesita un pueblo," ¿Verdad? Por lo tanto, sería útil que tuvieras tu equipo preparado.

Déjame contarte sobre mi grupo y todos los que vinieron a rescatarme; ¡sigue leyendo!

Capítulo 8: Parada de reparación

Tu carro necesita ayuda; las luces del tablero están encendidas, las ruedas están sobre los aros y sale humo de quién sabe dónde.

Debes hacer una parada de emergencia e intentar que tu equipo de reparación te ayude.

Al ir por la carretera, sientes que tu carro se comporta de forma extraña. Escuchas un ruido que proviene de algún lugar del frente. De repente, las luces del tablero se encienden y el auto se apaga. Si eres como yo, no tienes idea de lo que está sucediendo ni de cómo solucionarlo. Aun así, abres el bonete del auto y miras dentro, esperando ver un letrero diciendo qué está mal y cómo solucionarlo. Pero como tu carro no te ayuda, sabes que es hora de pedir refuerzos.

Durante la carrera de la vida, nuestro carro se encontrará en diferentes situaciones que no sabrás solucionar. Ya sabes que debes cuidar tu carro y que debes detenerte para echar gasolina; esto es algo que puedes hacer tú, incluso si esperas hasta el último minuto para hacerlo. Otras veces, el carro necesitará partes y mantenimiento más especializados. Ahí llamas a tu equipo de reparación.

Cada uno de nuestros equipos se verá diferente. Recuerden que no existe una fórmula única para nada en esta carrera. Tu carro y tu viaje son únicos, por lo que es lógico que tu tripulación también lo sea. Puede que tengas a tu pareja como parte de tu equipo, familiares, amigos, guías espirituales o incluso terapeutas. Este equipo puede y debe cambiar a medida que avanza la carrera. Tal como dice esta cita: "Las personas llegan a tu vida por una razón, una temporada o toda la vida." A estas alturas ya deberías saber que me encantan las citas, ¿verdad? Hay algo valioso en estas gotas de sabiduría que han resistido la prueba del tiempo.

De todos modos, sigamos con nuestro equipo de reparación. Tú eliges estos grupos de personas, o pueden ser tan raros como alguien que conoces en la calle. Lo importante es que te proporcionan lo que necesitas en el momento adecuado. Por ejemplo, cuando mi nieta estaba luchando por su vida, múltiples grupos de diferentes partes de nuestras vidas respondieron al llamado de oración. Fue una experiencia que me llena de humildad, saber cuántas personas tenían a nuestra bebé y a nuestra familia en sus oraciones. Durante cinco días, la gente añadió su nombre a cadenas de oración de todo el mundo y juntos fuimos testigos de un milagro. Yo no pedí esas oraciones; mi equipo lo hizo y estaré eternamente agradecida.

Por supuesto, tu mamá, tu hermano, tu mejor amigo o tu pastor pueden ser parte de tu equipo. En las partes difíciles de nuestro viaje, es posible que necesitemos la ayuda de un terapeuta o psicólogo que pueda ayudarnos a superar un momento difícil. Otras veces, puede ser alguien que tenga un mensaje para ti. Recuerdo que un día estaba trabajando cuando me enteré del divorcio de mi hija y del despido de mi hijo. Ambas cosas sucedieron al mismo tiempo y yo estaba pasando por un mal momento. Una clienta, una señora encantadora de unos 80 años, vino a la oficina. Ella me miró y me preguntó si me sentía bien. Le dije que estaba bien; que tenía problemas con mis hijos. Ella nunca me preguntó cuál era el problema; solo me habló de sus dos hijos y sus luchas con ellos. Al final me dijo: "Cuídate y cuida tu matrimonio. Tus hijos aprenderán. Ya les enseñaste lo que necesitaban saber; ahora es su momento de ponerlo a prueba." Le di las gracias y le dije que había sido enviada a darme ese mensaje ese día. Necesitaba escucharlo, incluso si me tomó algún tiempo aceptarlo. Pero ella tenía razón y, durante el momento de esa conversación, ella fue parte de mi equipo.

No dejes que el orgullo te detenga de pedir ayuda cuando la necesites. Esta carrera es dura y es importante saber cuando necesitas refuerzos. Además, siéntete libre de despedir a algunos miembros de la tripulación si están saboteando tu carro. Mi hija quedó desconsolada cuando supo que uno de los miembros de su equipo, en quien más confiaba, la traicionó al compartir información confidencial; esas lecciones son difíciles de entender pero necesarias.

Busca un equipo de reparación que te apoye para que comprendas:

¿Qué es lo único que podemos controlar?

Nosotros mismos.

¿Qué es lo único que podemos cambiar?

La forma en la que aceptamos nuestros carros.

¿Cuál es la única manera en que podemos hacerlo?

Un día a la vez.

¿Qué necesitamos para mantener la cordura durante esta carrera?

Necesitamos balancear nuestros carros y ponernos en primer lugar.

¿Cómo nos ponemos en primer lugar?

Sacando a los malos conductores de nuestro viaje.

¿Cómo podemos aceptar los desvíos en nuestro camino?

Viéndolos como nuevas posibilidades.

¿Cómo podemos recuperarnos de nuestros accidentes?

Aceptando que nos hacen más fuertes.

¿Cómo sobrevives a un tornado en tu camino?

Aprendiendo a soltar y dejarlos ir.

¿Cómo cuidamos nuestro carro?

Cuidándonos a nosotros mismos.

¿Por qué necesitas el mejor equipo de reparación?

Porque todo el mundo necesita ayuda.

Amo mi equipo de reparación y espero que tengas un equipo increíble a tu alrededor. Ahora bien, incluso si tienes un gran apoyo, ¿cómo sabes cuándo pedir ayuda? ¿Qué es lo único que debes aprender para cambiar tu carrera?

¿Quieres saber? ¡Sigue leyendo!

Capítulo 9: El manual del propietario

Todos conocemos el libro que hay en la consola del carro, ese que todos ignoramos y que nunca abrimos. Se supone que está ahí para enseñarnos todo sobre nuestro carro.

En la carrera de la vida, no recibimos un manual del propietario; necesitas escribirlo tú. Conocerse a uno mismo es la única manera de saber qué escribir allí. De esa manera, comprenderás cómo conducir tu carrera de manera más eficiente. Además, aprendes cuando algo anda mal y necesitas pedir ayuda.

Los automóviles modernos son máquinas complicadas construidas con cientos de piezas que permiten tener un vehículo seguro y cómodo para viajar. Cada pieza es fundamental para que el carro funcione. Admito que mis conocimientos sobre carros son nulos. Sin embargo, a mi esposo le encantan los autos y he estado allí con él varias veces mientras intenta descubrir qué les pasa. Después de mucha pelea, resulta que era un fusible o un tornillo flojo. Otras veces, podría ser un problema eléctrico o una pieza que se tiene que cambiar. Aprecio su conocimiento sobre automóviles y la cantidad de dinero que ahorramos al hacer el trabajo básico necesario para mantener nuestros automóviles funcionando correctamente. Al mismo tiempo, reconozco que si estuviera sola, no sabría arreglar lo que está roto. Por supuesto, siempre puedo aprender y es el objetivo de este capítulo.

Como no recibimos un manual del propietario al comienzo de nuestra carrera, estamos corriendo con nuestro carro y debemos descubrir cómo cuidarlo. Por supuesto, inicialmente dependemos de nuestros padres y familiares para mantenernos seguros y saludables. Ellos aprenden a entender los diferentes llantos y rabietas para saber cómo te sientes o qué quieres. Al mismo tiempo, aprendemos su idea de cómo cuidar nuestro carro a través de cómo aprendieron a cuidar su carro. Sin embargo, cada carro es único y, aunque algunos aspectos generales pueden aplicarse a todos, es nuestro trabajo descubrir qué hace que nuestro carro funcione y qué hace que se detenga.

Sé que algunos carros deciden seguir llorando y haciendo berrinches durante toda la carrera con la esperanza de que todos los demás sepan lo que necesitan y lo arreglen o incluso conduzcan por ellos. Al mismo tiempo, otros carros deciden participar en la carrera sin profundizar demasiado en lo que puede mejorar su recorrido. A cada uno lo suyo, y si así quieren conducir su carrera, les apoyo al 100%.

Sin embargo, si estás leyendo este libro, espero que seas parte del grupo que se da cuenta de que debe haber una mejor manera de hacer este viaje de la que has estado usando hasta ahora. También espero que mis experiencias puedan ayudarte a mejorar tu carrera. Aquí tienes una de esas lecciones: necesitas aprender sobre ti mismo.

Eres especial y único; tu viaje se trata de ti. Así que no estoy aquí para decirte exactamente cómo conducir tu carrera. En cambio, debes saber que es tu privilegio aprender sobre tu carro y lo que funciona para ti. Claro, podemos considerar todo lo que nos enseñan y luego decidir qué se aplica a nosotros y qué no. Por ejemplo, tomemos la idea de dormir 8 horas por noche. Conozco a unas personas que se asegurarán de dormir 8 horas. Hay otro grupo que te dirá que necesitan dormir 5 horas y que están listos para comenzar el día. Por otro lado, conoces a un grupo que necesita dormir al menos 10 horas antes de poder sentirse humanos. Cada una de estas personas tiene razón. ¿Por qué? Porque conocen sus carros y saben lo que les funciona. Por eso si intentamos imponer un tiempo específico para todos, no funcionará porque somos diferentes. ¿A cuántas personas conoces les gusta trabajar de noche? Porque es cuando se sienten más productivos. Otro grupo, los madrugadores, se ponen en marcha antes del amanecer.

Podrías considerar este ejemplo tonto, pero la premisa es la misma y funciona en cada decisión en tu vida. Puedes pensar en cada cosa que has aprendido y decidir qué funciona para ti. Ahora bien, lo que no tiene sentido, pero siempre hacemos es pensar que nuestro argumento sobre nuestra preferencia hará alguna diferencia en como otras personas toman sus decisiones. Sin embargo, pasamos horas de nuestra carrera tratando de hacer precisamente eso; lo sé porque yo lo hacía. Hasta que me di cuenta de que podía hacer lo que quisiera y tú podías hacer lo que quisieras y que todos podíamos ser felices conduciendo nuestros carros, que al final sentí que me quitaron un gran peso de encima.

Debes aprender qué funciona para ti y utilizar ese conocimiento para manejar tu mejor carrera. No importa cómo conduzcan otras personas; no puedes cambiarlos. Puedo oírte decir: "¿Qué quieres decir con que no importa cómo otras personas conducen su carrera? Si me afecta, tengo derecho a quejarme. Debo hacerles saber que están afectando mi viaje." Ahora, ¿estás listo para esto? Les haré saber qué me solucionó ese problema y cambió mi carrera: maniobras evasivas.

¿Qué? ¿Maniobras evasivas? Sí, debes tomar el control de tu carro y pensar que eres parte de la película Rápido y Furioso. Siempre que veas a alguien o algo en la carretera que pueda afectar tu carrera, ve a la derecha, a la izquierda o conduce en reversa si es necesario. Debes asegurarte de que al final del día podamos decir como MC Hammer: "No puedes tocar esto" y divertirnos al mismo tiempo. Esta carrera es un juego. Recuerde, no tiene que contestar a los ataques de la gente, incluso si quieren pelear o quieren involucrarlo en su drama. Si tienen la intención de utilizarte como su mayordomo, canaliza, el Vin Diesel o la Michelle Rodríguez que llevas dentro, presiona el turbo y di: "Nos vemos."

Cuando finalmente aprendas a tomar control de tu carro, será fácil entender:

¿Qué es lo único que podemos controlar?

Nosotros mismos.

¿Qué es lo único que podemos cambiar?

La forma en la que aceptamos nuestro carro.

¿Cuál es la única manera en que podemos hacerlo?

Un día a la vez.

¿Qué necesitamos para mantener la cordura durante esta carrera?

Necesitamos balancear nuestros carros y ponernos en primer lugar.

¿Cómo nos ponemos en primer lugar?

Sacando a los malos conductores de nuestro viaje.

¿Cómo podemos aceptar los desvíos en nuestro camino?

Viéndolos como nuevas posibilidades.

¿Cómo podemos recuperarnos de nuestros accidentes?

Aceptando que nos hacen más fuertes.

¿Cómo sobrevives a un tornado en tu camino?

Aprendiendo a soltar y dejarlo ir.

¿Cómo cuidamos nuestro coche?

Cuidándonos a nosotros mismos.

¿Por qué necesitas el mejor equipo de reparación?

Porque todo el mundo necesita ayuda.

¿Cómo aprendes a controlar tu carro?

Aprendiendo maniobras evasivas.

A este punto, deberíamos conocer todas las herramientas necesarias para tener una carrera exitosa. Sin embargo, hay una parte más que debemos explorar. Algo que hace la carrera más desafiante porque es algo muy difícil de ignorar.

Si quieres saber qué es, ¡sigue leyendo!

Parte 4: Las distracciones en el camino

57

Capítulo 10: Deja de empujar los carros de otras personas

"¿Por qué no lo haces?"

"¿No puedes ver que es por tu propio bien?"

Una vez más, todos somos culpables de esto. No importa qué tan mal se encuentre nuestra carrera; siempre sabemos lo que otra persona debe hacer para resolver sus problemas.

Realmente es un pasatiempo que nos hace 1,000 veces mejor que la Dra. Polo, sin lugar a dudas.

Todos somos culpables de esto. Estás en la carretera y el carro que tienes delante no se mueve o reduce la velocidad. Quieres gritar de frustración, tocar la bocina y de alguna manera, hacerles saber que están en tu camino. Hemos estado en ambos lugares en este escenario, y estoy segura de que todos podemos estar de acuerdo en que cuanto más alguien empuja, más te morirás allí parado solo para hacerlos sufrir. Puedes admitirlo; todos lo hemos hecho. Lo curioso es que cuando nos toca empujar, también lo hacemos pase lo que pase.

Fastidioso, exigente, crítico, autoritario y sermoneador son algunas palabras que todos podemos usar para describir a las personas en nuestra vida que nos brindaron consejos no solicitados. Al mismo tiempo, estas son las palabras que otras personas usan para describirnos a nosotros, cuando brindamos consejos no solicitados. ¿Qué nos hace pensar que si odiamos que alguien nos diga qué hacer o cómo vivir nuestras vidas, otras personas apreciarán que se lo hagamos a ellos?

Esto es un hábito difícil de romper. Desde pequeños estamos acostumbrados, a escuchar a nuestra familia, hablar unos de otros, de amigos, compañeros de trabajo o de las noticias. El chisme es la forma número uno de entretenimiento para todos los que conocemos. Nos encanta escuchar y luego dar nuestra opinión de lo que está pasando en la vida de otra persona. A veces, si tenemos la oportunidad, nos encanta decirle a la misma persona nuestra idea para ayudarla a salir del problema o situación.

Podemos ser crueles unos con otros. Simplemente, busque los comentarios en las redes sociales para comprender hasta dónde llegan algunas personas para hacer escuchar sus opiniones y asegurarse de que todos sepan que son correctas. Antes del Internet, es posible que tuvieras que aguantar un sermón de tu vecino bien intencionado. Ahora, después de Internet, tienes a alguien de otro país que te dice la razón por la que eres un idiota y serás la causa del fin del mundo. ¡Por favor! ¿Podemos relajarnos un momento?

Si estás en la carrera, conduciendo tu carro, mantén la vista en la carretera. Cada vez que dejes de prestar atención a tu viaje para ver quién es el nuevo novio de Karol G, es posible que pierdas impulso en tu carrera. Si llamas a tu hermana para decirle que viste a tu sobrino viendo unas revistas y que tal vez sea el momento de programar una intervención, estás desviando tu atención de tu camino.

Aquí tienen otra de mis citas favoritas: "El camino al infierno está empedrado de buenas intenciones." Cada vez que recibes un cumplido ambiguo, cuando alguien te da un consejo o te dice algo que otra persona dijo porque debes saberlo. Puedes estar seguro de que creen que te están haciendo un favor y están tratando de ayudarte.

Al involucrarnos en los problemas de otras personas, descansamos de nuestra propia carrera. Es fácil utilizar sus problemas como escape de los nuestros. Tal como yo solía fingir que era una chef mientras estaba en la cocina. Queremos creer que somos la Dra. Polo, y que nuestro consejo será lo único que cambiará sus vidas y nos darán un trofeo por un trabajo bien hecho. De la misma forma que las personas que reducen la velocidad para ver el accidente están empeorando la situación. Nos preguntamos si nos falta drama en nuestra carrera o porque no nos está sucediendo a nosotros lo hace más atractivo. De cualquier manera, estamos perdiendo un tiempo precioso en nuestra carrera limitada, empujando los carros de otras personas en lugar de manejar el nuestro.

Entonces, ¿cómo paramos? Simplemente lo hacemos. Tomamos la decisión de concentrarnos en nuestro viaje y dejamos en paz a los demás. Yo digo: "No son mis carros", y sigo adelante porque eso me recuerda que tengo suficientes carros que manejar, así que no necesito ninguno extra. Estarás ocupado con tus propias maniobras evasivas, créeme. Cuando alguien se te acerque para darte un consejo, actúe lo más desinteresado posible. Simplemente, sonría, asienta y dígale "Muchas gracias; lo consideraré." Te prometo que pararán. Si están buscando una reacción, no darles el gusto es la mejor manera de garantizar que pararan de hacerlo. Es posible que hasta se enojen contigo y dejen de hablarte, y tendrás una cosa menos de qué preocuparte.

Si quieres correr una buena carrera, ¿quieres perder el tiempo convenciendo a otros de que deberían hacerlo mejor en su carrera?

¿Por qué no tomarse todo ese tiempo y esfuerzo para comprender finalmente?

¿Qué es lo único que podemos controlar?

Nosotros mismos.

¿Qué es lo único que podemos cambiar?

La forma en la que aceptamos nuestros carros.

¿Cuál es la única manera en que podemos hacerlo?

Un día a la vez.

¿Qué necesitamos para mantener la cordura durante esta carrera?

Necesitamos balancear nuestros carros y ponernos en primer lugar.

¿Cómo nos ponemos en primer lugar?

Sacando a los malos conductores de nuestro viaje.

¿Cómo podemos aceptar los desvíos en nuestro camino?

Viéndolos como nuevas posibilidades.

¿Cómo podemos recuperarnos de nuestros accidentes?

Aceptando que nos hacen más fuertes.

¿Cómo sobrevives a un tornado en tu camino?

Aprendiendo a soltar y dejarlo ir.

¿Cómo cuidamos nuestro coche?

Cuidándonos a nosotros mismos.

¿Por qué necesitas el mejor equipo de reparación?

Porque todo el mundo necesita ayuda.

¿Cómo aprendes a controlar tu carro?

Aprendiendo maniobras evasivas.

¿Cuándo dejamos de empujar los carros de los demás?

Cuando nos concentramos en nuestra carrera.

No soy la única que empuja al intentar abrir una puerta. Luego, cuando no funciona, halo. En nuestra carrera tenemos el mismo problema.

¿Quieres saber de qué estoy hablando? ¡Sigue leyendo!

Capítulo 11: Deja de halar los carros de otras personas

Habilitador

1) Aquel que ayuda a que algo suceda.

2) Quien fomenta con su conducta un mal hábito en otro.

3) Aquel que da a otro el poder de comportarse de manera determinada.

Tenemos transportadores de automóviles y grúas, y luego tenemos los que atan dos carros con una cuerda y rezan hasta su destino. Todos tienen la misma intención: tomar un automóvil que no puede o no quiere hacer un viaje del punto A al punto B. Podemos elaborar una lista de razones por las que debemos tirar o transportar un automóvil durante su vida útil. Algunas hacen más sentido, pero no hace falta justificarlas. Si es algo que el propietario del carro quiere o necesita hacer, intenta decidir la mejor manera de hacerlo.

En la carrera de la vida, algunos carros son halados por otros. Estos tienen una lista de razones que justifican su situación. Algunas de las razones podrían ser:

-Yo no te pedí que me trajeras a este mundo, por eso es tu responsabilidad cuidar de mí.

-No tengo suficiente dinero.

-No encuentro trabajo.

-No puedo trabajar 40 horas a la semana.

-No es mi culpa; es la economía.

-No sé qué quiero hacer en la vida.

-Todavía estoy tratando de encontrarme a mí mismo.

-Estoy esperando la oportunidad adecuada.

Por otro lado, quienes halan también tienen una lista de excusas para justificar su habilitación. Ellos dirán:

-Me siento culpable.

-¿Y si pasa algo malo?

-Es solamente por un ratito.

-Es por su propio bien.

-La sangre es más espesa que el agua.

-Es nuestra responsabilidad.

-¿Qué dirán todos?

-Les es imposible lograrlo solos.

Si ambos carros están contentos con el acuerdo, todos podemos seguir conduciendo. Ahora, supongamos que usted es como miles de personas cansadas de responsabilizarse de los carros de otra persona, incluso cuando son más capaces de conducir. En ese caso, deberías escuchar esto: "No es tu trabajo ni tu responsabilidad, y debes dejar de arrastrarlos durante la carrera. Tienes tus propios carros para conducir y no eres una mala persona si los dejas que aprendan sus lecciones. Es más, los están perjudicando al quitarles la oportunidad de ser los que manejen en su carrera."

La situación que he presenciado muchas veces en mi propia familia es que no tienes que halar todos los carros, sino específicamente los carros que quieren que tú hales. Es posible que quieran que usted arrastre su carro financiero, pero eviten involucrarse en su carro de relaciones; muy conveniente. Estos no son carros dañados que no pueden arrancar ni que necesitan repuestos. Estos son carros perfectos que pueden tener una carrera exitosa. Por supuesto, es más fácil que otra persona conduzca por ellos. Sin embargo, es con sus términos y no puedes decirles qué hacer.

Las relaciones familiares y románticas son los objetivos más fáciles para este tipo de situación; sucede porque nos sentimos culpables y nuestras emociones son parte de la ecuación. Nuestros sentimientos nos traicionan, convirtiéndonos en un blanco fácil para quienes se aprovechan de nuestro amor. Esta situación es difícil de manejar y no existe una fórmula sencilla para solucionar el problema. En este caso, no obtendrás un final feliz para siempre. Cuando cortes la cuerda y dejes de tirar, probablemente perderás la relación con esta persona. Quizá se enojen y se ofendan porque finalmente te das cuenta de su juego y decides ponerle fin. Con el tiempo, es posible que comprendan que lo que hicieron estuvo mal y vuelvan. Sin embargo, puede que eso no suceda y debes estar preparado para eso.

Lo importante aquí es comprender que necesitamos conducir nuestros propios carros en la carrera de la vida. Incluso si nos rompe el corazón, debemos ser fuertes y pensar en nosotros mismos para variar. Nuestra carrera no durará para siempre y una vez que ya no estés ahí para ellos, tendrán que aprender a conducir solos o quizás buscarán otro carro que los arrastre. De cualquier manera, no debería ser tu problema, puedes dejarlos ir.

Muchas veces se escucha a padres, abuelos y parejas románticas quejarse de la persona que se aprovecha de su amor por ellos. Nos encanta sacrificarnos por los demás, pero nos quejamos ante todo el que nos escuche. Nos aseguramos de que todos sepan todo lo que hacemos por los demás y lo ingratos que son con todo lo que hacemos por ellos. Una vez más, es como si esperáramos alguna recompensa por ser mártires, a expensas de nuestra carrera.

Si les dices: "Sabes que esto está pasando porque tú lo permites. Si paras, no tienes que quejarte y puedes empezar a hacerte cargo de tu carrera." Su respuesta siempre es: "Sí, lo sé, debería hacer eso." Entonces, ¿por qué no lo hacen? Porque estamos acostumbrados a anteponer las necesidades de los demás a las nuestras. Solemos preocuparnos más por su carrera que por la nuestra, o pensamos que el objetivo de nuestra carrera es halar sus carros.

Esta es una oportunidad excelente para discutir la diferencia entre ayudar y habilitar. Es importante ayudarnos unos a otros en momentos de necesidad. Sin embargo, es diferente cuando se convierte en un hábito o en algo que se espera de ti. Cuando no puedes decir: "No" o "Lo siento, pero ahora no puedo,". Entonces sabes que no es ayuda lo que estás proveyendo. Tú decides cuando y como ayudas a los demás, y siempre te hace sentir bien al hacerlo. Si te agota y no puedes decir que no, en lugar de ayuda se convierte en un problema.

No esperes hasta sentirte agotado y abrumado para comprender:

¿Qué es lo único que podemos controlar?

Nosotros mismos.

¿Qué es lo único que podemos cambiar?

La forma en la que aceptamos nuestro carro.

¿Cuál es la única manera en que podemos hacerlo?

Un día a la vez.

¿Qué necesitamos para mantener la cordura durante esta carrera?

Necesitamos balancear nuestros carros y ponernos en primer lugar.

¿Cómo nos ponemos en primer lugar?

Sacando a los malos conductores de nuestro viaje.

¿Cómo podemos aceptar los desvíos en nuestro camino?

Viéndolos como nuevas posibilidades.

¿Cómo podemos recuperarnos de nuestros accidentes?

Aceptando que nos hacen más fuertes.

¿Cómo sobrevives a un tornado en tu camino?

Aprendiendo a soltar y dejarlo ir.

¿Cómo cuidamos nuestro coche?

Cuidándonos a nosotros mismos.

¿Por qué necesitas el mejor equipo de reparación?

Porque todo el mundo necesita ayuda.

¿Cómo aprendes a controlar tu coche?

Aprendiendo maniobras evasivas.

¿Cuándo dejamos de empujar los carros de los demás?

Cuando nos concentramos en nuestra carrera.

¿Cuándo dejamos de halar de los carros ajenos?

Cuando nos damos cuenta de que no es nuestra responsabilidad.

Empujar y halar los carros de otras personas hará que desvíes tu atención de la carretera y de tu carrera. Sin embargo, hay una distracción más que puede afectar tu viaje.

¿Quieres saber qué es? ¡Sigue leyendo!

Capítulo 12: No juzgues la carrera de otras personas

Es más fácil decirlo que hacerlo. ¿Verdad?

Somos 1,000 veces mejores que la Dra. Polo, ¿Recuerdas?

"No puedo creer que usa esa ropa."

"Estoy seguro de que estaba casado con otra persona; esa no es su esposa."

"Ella no gana más dinero que yo, así que me pregunto quién le compro eso."

La verdad es que no tenemos ni idea de la carrera de cada uno. La mayoría de las veces no tenemos ni idea de nuestra carrera. Convertimos todo en una competencia para ver quién tiene el problema más importante o quién tiene más éxito.

Nos gusta escapar de nuestra realidad mirando el carro del lado y diciendo: "Al menos yo no soy como ellos; yo soy mejor." La vida tiene una forma divertida de hacerte bajar los humos.

Digamos que vas por la carretera, hay un carro a tu lado y tiene una abolladura, probablemente debido a un accidente. De repente, ves que ese coche le corta a otro al cambiar de carril. Piensa en qué sería lo primero que te viene a la mente. Yo diría: "Con razón el carro está estropeado; mira cómo conducen." Entonces me doy cuenta de que no tengo idea de cómo el auto se hizo esa abolladura. Pienso que fue en la carretera, pero tal vez no. Quizás, la persona que conducía el coche ahora no conducía cuando se produjo la abolladura. Al final del día, ¿por qué me importa?

Nos encanta juzgar a otras personas; esto es diferente a empujar sus autos porque al menos las personas pueden argumentar que cuando empujan los autos de otras personas, tienen buenas intenciones o quieren ayudar, incluso si no ayudan. Ahora bien, al juzgar a los demás, somos despiadados y no medimos nuestros comentarios ni las consecuencias de nuestras palabras.

Tengo otra cita: "Antes de juzgar a alguien, camina un kilómetro en sus zapatos." Es posible que hayas escuchado este dicho o una variación del mismo. Sabemos que esto es cierto, pero nos resulta realmente difícil ocuparnos de nuestros propios asuntos. ¿Qué conseguimos al hacer esto? Tu respuesta es tan buena como la mía, pero al igual que con cualquier otro hábito, podemos cambiarlo volviendo a prestar atención a nosotros mismos y a nuestra carrera.

Generalmente, juzgamos a los demás según lo que se considera normal o lo que creemos que es la opinión, el comportamiento o la apariencia correcta. Tenemos esta necesidad de control porque, en nuestra mente, es la única manera de ser felices. Solo cuando la gente piense y actúe de la misma manera, el mundo será perfecto. Nos molesta cuando las personas hacen las cosas de manera diferente a como creemos que es correcta y están felices. ¿Cómo se atreven? No es justo que sean felices.

Ellos piensan y actúan de una manera que no es correcta. Te das cuenta de que esa es la razón por la que no eres feliz.

Entonces tú decides que es hora de convencer a otros de que tienes la razón. Queremos hacer que cambien porque sabemos la forma correcta. Estamos seguros de cuando todos pensemos, actuemos y nos veamos de la misma manera, el mundo será perfecto y, como resultado, tu vida finalmente será como quieres que sea. Serás feliz si todos los demás cambian para mejorar tu vida. La verdad es que la carrera de la vida no funciona de esa manera. Lo fascinante es que no necesitas que todos los demás piensen ni estén de acuerdo contigo para ser feliz. Eso cambia las reglas del juego y es muy liberador.

Por eso nunca he sido fanática de las soluciones que son iguales para todos. A menos que se considere la singularidad de cada persona, tratar de encajar a todos en el mismo molde es imposible. Por ejemplo, no todas las relaciones son iguales. Cuando dos personas deciden estar juntas, deben determinar sus propias reglas sobre cómo trabajarán como pareja. Solo tiene que funcionar para ellos, cuando otras personas ven su relación y dicen: "Yo no podría vivir así. ¿Por qué hacen eso?" ¿Adivina qué? No tienes que hacerlo porque no es tu relación, y no necesitas saber por qué lo hacen porque no es tu problema. Si practicamos la filosofía donde cada uno haga lo que quiera, todos podremos llevarnos mucho mejor.

Lamentablemente, hay personas que ganan mucho dinero y tienen mucho poder porque saben convencernos de que nuestros problemas son culpa de otra persona. No quieren que sepas que eres el conductor de tu carro y que puedes ser feliz si solamente manejas tu carrera. Estas personas obtienen su poder cuando nosotros les entreguemos nuestro poder. ¿Cómo lo hacen? Intentan cambiar una carrera que se supone sea independiente y nos ponen en grupos. También quieren que cada grupo intente cambiar la opinión del otro grupo.

Entonces, vamos por el camino y tratamos de manejar lo mejor que podemos. Cuando te dicen que debes elegir un grupo porque la unión hace el poder y, si corremos juntos, podemos tener una mejor carrera. Luego nos piden que saquemos del camino a los demás grupos para que podamos tener un mejor viaje. Ahora, el problema es que empiezas a buscar tu grupo. Crees que has encontrado el que mejor se adapta a ti, pero luego te das cuenta de que algunos de los conductores de ese grupo tienen otras ideas diferentes y tú no encajas tan bien allí.

Así que continúas tu camino e intentas encontrar otro grupo que se adapte a ti, ¿y sabes lo que descubrimos al final? No encontraremos un grupo que se adapte a todas nuestras creencias porque todos somos únicos y tenemos opiniones diferentes. Así que al final, nos sentimos mal y terminamos peleando con todos los que nos encontramos en nuestro camino. En lugar de tener una carrera en la que todos avanzan por la carretera, tenemos la acumulación más ridícula de carros que intentan ir de un lado a otro, todos pensando que tienen que encajar y elegir un grupo.

Finalmente, entendí este mensaje después de años de estar en las redes sociales. Yo estaba convencida de que el mundo sería mejor si todos pudiéramos ponernos de acuerdo en las mismas cosas. Honestamente, no tengo idea de cómo me dejé lavar el cerebro de esa manera cuando sabía que en nuestra propia familia no podíamos ponernos de acuerdo sobre en qué restaurante comer cuando salíamos. ¿Cómo podrían miles de millones de personas estar de acuerdo con algo? Intentar que todos estén de acuerdo no es la solución a todos los problemas del mundo, pero nos encanta meter un cuadrado en un agujero, así que seguimos intentándolo.

Durante ese tiempo, estaba en una montaña rusa diaria de emociones que no me hacían ningún bien. Luego, cuando llegó el divorcio de mi hija, decidimos cerrar todas nuestras páginas sociales hasta que las cosas se resolvieran y que alivio. De repente, los problemas y las discusiones desaparecieron, mi mundo se volvió pacífico y me encantó. Además, me di cuenta de que mi vida continuaba, aunque no supiera todo lo que estaba pasando ni la última razón por la que todos debíamos estar indignados.

Una vez que dejé de pasar tiempo en las redes sociales, tuve más tiempo libre para trabajar en mí y en mi familia. No había ninguna excusa de que no tenía tiempo. Empecé por mi casa, quería recuperarla y eso fue lo que hice. Fui a YouTube y encontré a Dawn (The Minimal Mom), Cas (Clutterbug) y Dana (A Slob Comes Clean). Escuché todos sus videos sobre minimalismo, organización y cómo ordenar y me puse a trabajar. Después me enteré de que tenían un curso, Recupera tu Casa (Take Your House Back), me pareció muy apropiado así que lo tomé. Junto con estas maravillosas mujeres, pude recuperar el control de mi casa y de mi vida. Espero que algún día pueda hacerles saber que estaré eternamente agradecida por toda la ayuda durante este momento difícil.

Mientras trabajaba en mi casa, sabía que necesitaba trabajar en mis sentimientos y tratar de comprender todo lo que estaba pasando. Entonces, regresé a YouTube y encontré dos canales excelentes: Wu Wei Wisdom con el terapeuta David James Lees y Narcdaily con Andrew. Estos dos grandes hombres pudieron ayudarme, a encontrar paz y claridad en un momento en el que me sentía perdida. Todos ellos son parte de mi equipo y estoy increíblemente agradecida.

Me tomó dos años pasar por esta transición y ahora me siento como una persona completamente diferente. Decidí dejar de juzgar a los demás porque:

1. No tengo tiempo para eso. Estoy trabajando en mí.

2. Me di cuenta de que todos somos diferentes.

3. Cada uno está pasando por nuestro viaje.

4. No necesito que nadie cambie para ser feliz.

Espero que tú también puedas entender:

¿Qué es lo único que podemos controlar?

Nosotros mismos.

¿Qué es lo único que podemos cambiar?

La forma en la que aceptamos nuestro carro.

¿Cuál es la única manera en que podemos hacerlo?

Un día a la vez.

¿Qué necesitamos para mantener la cordura durante esta carrera?

Necesitamos balancear nuestros carros y ponernos en primer lugar.

¿Cómo nos ponemos en primer lugar?

Sacando a los malos conductores de nuestro viaje.

¿Cómo podemos aceptar los desvíos en nuestro camino?

Viéndolos como nuevas posibilidades.

¿Cómo podemos recuperarnos de nuestros accidentes?

Aceptando que nos hacen más fuertes.

¿Cómo sobrevives a un tornado en tu camino?

Aprendiendo a soltar y dejarlo ir.

¿Cómo cuidamos nuestro carro?

Cuidándonos a nosotros mismos.

¿Por qué necesitas el mejor equipo de reparación?

Porque todo el mundo necesita ayuda.

¿Cómo aprendes a controlar tu carro?

Aprendiendo maniobras evasivas.

¿Cuándo dejamos de empujar los carros de los demás?

Cuando nos concentramos en nuestra carrera.

¿Cuándo dejamos de halar los carros ajenos?

Cuando nos damos cuenta de que no es nuestra responsabilidad.

¿Por qué no necesitamos juzgar a los demás?

Porque su vida no es nuestro problema.

Hemos llegado lejos. ¿Cómo te sientes?

¿Listo para la última vuelta? Sigue leyendo.

Parte 5: La última vuelta

Capítulo 13: La meta final

El final de la carrera es un misterio para todos.

A veces deseamos saber cuando llegará ese momento para dejarlo todo preparado y acabar la carrera a lo grande.

Otros desean terminar rápido la carrera, sin darse cuenta, y poder seguir conduciendo hacia el horizonte sin mirar atrás.

Todos estamos aterrorizados por ese momento y nos preguntamos como otros se recordaran de nuestra carrera después de que nos hayamos ido.

Noticia de última hora: tampoco tienes el control de eso.

La última cita del libro: "Todo lo bueno debe llegar a su fin."

No importa si terminas tu carrera a toda velocidad ni si necesitas un empujón para cruzar la línea de meta; el fin llega para todos. Independientemente de cuáles sean tus creencias personales sobre la vida después de la muerte. Creo que podemos estar de acuerdo en que, al final, queremos decir: "Fui feliz." Sin embargo, la definición de felicidad es muy personal y proviene de ti. Muchas cosas pueden traerte felicidad, pero no puedes ser genuinamente feliz a menos que venga de ti.

Trabajé en una funeraria como administradora de oficina durante dos años y medio. Eso significaba que yo era el primer contacto que todos tenían cuando llamaban o visitaban la funeraria. Trabajé con familias, pero también con hospitales, residencias de ancianos, hospicios y médicos forenses. Además, me comuniqué con los médicos, el estado y el departamento de salud para adquirir el certificado de defunción. Igualmente, hice los DVD, los libros de firmas y las tarjetas de oración del servicio. Cada tarea era tan diferente como las familias a las que tenía el privilegio de servir durante un momento difícil.

Cuando la gente me preguntaba dónde trabajaba y les decía que trabajaba en una funeraria, su reacción no tenía precio. Abrían los ojos y decían: "Dios mío, nunca podría hacer eso." "¿No te asustas?" Luego, muy lentamente, se alejaban de mí como si tuviera los piojos de la muerte. Lo encontraba divertido. La verdad es que mi trabajo giraba más en torno a las familias que a sus seres queridos, y cada situación era tan diferente como la persona que falleció. Nunca fue aburrido, eso es seguro.

Conocí a las personas que vinieron a hacer sus arreglos previos porque querían asegurarse de que todo estuviera en orden cuando llegara su momento. A las familias que nos visitaron cuando su ser querido se encontraba en el hospital enfrentando una muerte inminente. A los que tuvieron que enfrentar tragedias inesperadas. Aprendí una cosa: al final de nuestra carrera, no tenemos ningún control sobre cómo seremos recordados por los que quedan atrás. No podemos controlar su dolor ni su apatía. Las decisiones sobre los arreglos no hacen ninguna diferencia para nosotros. Estoy segura de que no nos importará cuántas personas se presenten y sé que nadie apreciaría el drama familiar durante ese tiempo.

Si pudiera elegir una cosa como mi parte favorita del trabajo, sería hacer los DVD. Fue entonces cuando conocía a la persona a la que estábamos honrando. Si la familia traía las fotografías, compartían las historias sobre ellas. Entendí que el viaje durante nuestra carrera era lo que realmente importa. En esta parte admito que hablaba con los difuntos mientras arreglaba la capilla o las flores. Le alegrará saber que nunca respondieron.

Si ha vivido un momento en el que estuvo cerca de la muerte, estoy segura de que puede estar de acuerdo con que no podemos hacer nada al respecto. Durante mi último embarazo tenía 37 años. Fue una experiencia bastante diferente a las dos primeras y sufrí de preeclampsia posparto. Mi hija tenía solo cinco días de nacida cuando mi esposo me llevó de regreso al hospital porque tenía problemas para respirar. Al llegar, me entraron de urgencia y, durante 5 horas, varios médicos intentaron estabilizarme. No tenía control de mi cuerpo. No importaba lo que hiciera; no podía bajar mi presión arterial. Recuerdo cuando el médico le dijo a mi esposo: "Si esto no funciona, tenemos que llevarla a la UCI." Tenía una bebé recién nacida en casa y no sabía si iba a salir de allí. Afortunadamente, pudieron estabilizarme y me sacaron 6 litros de líquido de mi cuerpo. Perdí 30 libras de líquido en 3 días, así que pueden imaginar lo hinchada que me había puesto. Hasta el día de hoy, no tienen idea de lo que pasó, pero sé que cambió la manera de ver mi vida y lo rápido que las cosas pueden ir mal.

Tener la experiencia de trabajar diariamente rodeada de muerte te ayuda a apreciar cada día que te regalan. Cada vez que veía a una madre llorar por la pérdida de uno de sus hijos, me hacía darme cuenta de lo bendecida que soy de tener a mis hijos. Cuando nos enfrentamos a la posibilidad de perder a nuestra nieta, nos hizo enfrentar la realidad de lo frágil que es realmente la vida y no dar por sentado ningún momento. Estamos en este planeta por un tiempo, así que aprovechemos esta experiencia al máximo. Decidamos hoy conducir esta carrera de la vida con un propósito, vivir cada día como si fuera el último y dejar que todos los demás en nuestras vidas hagan lo mismo.

Fue un honor para mí compartir mis experiencias de vida hasta ahora con ustedes.

Espero que este libro te bendiga.

Espero que puedas usarlo para encontrar la paz y la felicidad que anhelamos.

Y si nos vemos algún día les preguntaré: ¿Están moviendo sus carros?

Te dejo esto aquí por última vez para que no lo olvides:

¿Qué es lo único que podemos controlar?

Nosotros mismos.

¿Qué es lo único que podemos cambiar?

La forma en la que aceptamos nuestro carro.

¿Cuál es la única manera en que podemos hacerlo?

Un día a la vez.

¿Qué necesitamos para mantener la cordura durante esta carrera?

Necesitamos balancear nuestros carros y ponernos en primer lugar.

¿Cómo nos ponemos en primer lugar?

Sacando a los malos conductores de nuestro viaje.

¿Cómo podemos aceptar los desvíos en nuestro camino?

Viéndolos como nuevas posibilidades.

¿Cómo podemos recuperarnos de nuestros accidentes?

Aceptando que nos hacen más fuertes.

¿Cómo sobrevives a un tornado en tu camino?

Aprendiendo a soltar y dejarlo ir.

¿Cómo cuidamos nuestro carro?

Cuidándonos a nosotros mismos.

¿Por qué necesitas el mejor equipo de reparación?

Porque todo el mundo necesita ayuda.

¿Cómo aprendes a controlar tu carro?

Aprendiendo maniobras evasivas.

¿Cuándo dejamos de empujar los carros de los demás?

Cuando nos concentramos en nuestra carrera.

¿Cuándo dejamos de halar los carros ajenos?

Cuando nos damos cuenta de que no es nuestra responsabilidad.

¿Por qué no necesitamos juzgar a los demás?

Porque su vida no es nuestro problema.

¿Qué es importante en nuestra última vuelta?

Si fuiste feliz durante tu carrera.

¡Diviértete conduciendo tu carro, disfrutando de la carretera y apreciando tu viaje!

Con mucho amor,

Nitza

P.S.

Si quieres aplicar estas lecciones a tu propia carrera, necesitarás una libreta y sigue leyendo. Te proporcionaré una lista de tareas que puedes hacer para asegurarte de que tu carrera sea excelente.

Parte 6: Aplicando las lecciones

Hola:

Estoy muy feliz de que quieras sentirte mejor y aprender a conducir en tu viaje.

Espero que hayas disfrutado el libro y ahora es el momento de poner esas lecciones en práctica.

Como cada carrera es diferente, hice esta parte para que apliques todos los capítulos a tu realidad.

Sigue estos pasos para que puedas aprender sobre ti, tus carros, tu carrera y, con suerte, lo que debe hacer para tener un mejor viaje.

¡Diviértete conduciendo tu carro, disfrutando de la carretera y apreciando tu viaje!

Con mucho amor,

Nitza

Capítulo 1: Aceptando tu carro

¿Estás listo para aceptar tu carro?

Dibuja corazones en una página para escribir algo único sobre ti en cada uno, desde tu apariencia hasta tus atributos y habilidades. Incluso si encuentras algo que no te gusta, si es parte de tu carro, escríbelo aquí. Siéntete libre de hacer tantos corazones como necesites para asegurarte de conocerte y aceptarte como la persona increíble y única que eres.

Ahora, después de haber llenado todos sus corazones, escribe todo lo que piensas de ti en otra página. Por favor, se honesto; puedes quemar el papel si quieres después de terminar. Debes aceptar tu carro, lo que significa que debes aceptar tus sentimientos. De esa manera, puedes trabajar para cambiar los pensamientos que atrasan tu carrera.

Capítulo 2: Balanceando tus carros

Ahora es el momento de balancear tus carros. En una página, dibuja múltiples rectángulos, cada uno representara uno de tus carros. Por favor, escribe en cada uno la palabra que lo describe. Recuerda, si tienes un carro para tu familia, escribe: familia. Sin embargo, si es más específico, como hermano o madre, escribe exactamente con qué estás lidiando. Es decir, escribe aquí todo lo que ocupa parte de tu tiempo, de tu día o de tu mente para que puedas enfrentar todo lo que estás intentando equilibrar en tu carrera.

Buen trabajo; ahora, ¿puedes ver por qué estás tan agotado? Son muchos carros. En otra página, elige que carros quieres conducir. Recuerda ponerte en primer lugar. Identifica todos los carros que no son tuyos. Luego planifica cómo sacarlos de tu carrera. Devuelve los carros a sus legítimos propietarios y lleva tu carrera a un ritmo más manejable. Si aún es mucho para ti, guarda algunos carros en el garaje por un tiempo y podrás sacarlos nuevamente cuando te sientas listo.

El objetivo es equilibrar tu carrera para que puedas sentirte feliz con tu viaje en lugar de abrumado.

Capítulo 3: Buenos conductores, malos conductores

Espero que te sientas más en control después de hacer un plan para balancear tus carros. En esta parte, identificaras a los malos conductores en tu viaje. Se muy honesto sobre quiénes son; y por qué son malos para tu carrera. Entiendo que a veces no pueden desaparecer; sin embargo, si sabes quiénes son, puedes protegerte de ellos.

En la siguiente parte, redactaras una póliza de seguro sobre cómo tratarás con estos conductores. Si puedes mantenerlos fuera de tu carrera, eso es perfecto. Si eso no es posible, escriba algunas estrategias que le resulten cómodas sobre cómo protegerá su carro contra ellas. ¡Diviértete Escribe la mejor póliza de seguro que puedas; es gratis.

Capítulo 4: Desvíos

Esta parte te permitirá identificar un desvío en tu vida. Recuerda que un desvío es algo que pasa y cambia tus planes así que tienes que tomar una dirección diferente. Quiero que escribas sobre el desvío y lo que pasó. Luego, escribe sobre los cambios que trajo a tu carrera. Por último, escribe sobre lo positivo que fue ese desvío. Quiero que veas que cada desvío en tu vida trae algún tipo de cambio y que puede ser bueno para ti si lo aceptas.

Capítulo 5: Accidentes en la carretera

Ahora puedes escribir sobre un accidente en tu carrera. El accidente puede ser algo que te sucedió a ti personalmente o a alguien en tu vida y que cambió las circunstancias de tu carrera. Por favor, describe lo que pasó y cómo te afectó. Luego, escribe lo que aprendiste de esta experiencia y cómo te fortaleció.

Capítulo 6: El tornado en el camino

En esta parte, puedes escribir sobre un tornado en tu carrera. Si no se te ocurre ninguna experiencia que puedas calificar como tornado, pasa al siguiente capítulo. Si te has enfrentado a un tornado, quiero que escribas sobre la experiencia y cómo fuiste afectado. Entonces, ¿podrías escribir sobre dejarlo ir? Será un proceso y llevará tiempo, pero es importante que perdones. Primero a ti, por tu papel en esta tormenta y luego a los demás involucrados.

Te traerá paz y es lo que deseo para ti.

Capítulo 7: Echar gasolina

Ahora es el momento de darte cariño. Por favor, escribe una lista de tres cosas para tu salud física, tres para tu salud mental y tres para tu salud espiritual que puedas incorporar a tu carrera.

Luego, quiero que te escribas una promesa, explicando todas las cosas que harás; y por qué te lo mereces. Haz un plan sobre cómo incorporaras una cosa a la vez en tu semana y así comenzar a experimentar un poco de amor y cariño. No importa si decides comprarte flores cada semana, darte un baño de burbujas ni pasar un rato tranquilo, lo importante es que cuides de ti mismo.

Capítulo 8: Parada de reparación

¿Listo para identificar a tu equipo de reparación? Quiero que escribas sobre todas las personas de tu equipo. Escribe sus nombres; y por qué los quieres en tu tripulación. Recuerda que puedes cambiar la lista durante tu carrera y siéntete libre de ajustar a todos los miembros de tu equipo dependiendo de su desempeño. Ten en cuenta que están en tu carrera para apoyarte, no para manejar la carrera por ti.

Capítulo 9: El manual del propietario

En esta parte es donde escribirás todo lo que funciona para ti, tu manual del propietario. Recuerda, no te compares con nadie más ni intentes justificar la razón por la que piensas, sientes ni actúas de esa manera. Esta tarea te permite conocerte a ti mismo, a tu verdadero yo, no al que otras personas quieren ver. Por ejemplo: ¿Me gusta comer la comida muy caliente o esperar hasta que se enfríe para comerla?

Elije las cosas que funcionen para ti y siempre serán las correctas.

Capítulo 10: Deja de empujar los carros de otras personas

¿Estás listo para ser honesto acerca de a quién estás empujando durante esta carrera?

No estamos asignando culpas aquí; esta es una forma de enfrentar la verdad sobre una parte de tu carrera que puede ser más ligera.

Durante el capítulo 2, ¿te diste cuenta de que algunos de esos carros no eran tuyos?

Haz una lista de todos esos carros y decide devolverlos.

Empecemos a decir: "No son mis carros."

Capítulo 11: Deja de halar los coches de otras personas

Sabes lo que voy a decir aquí. Haz una lista de todas las personas a las que halas durante tu carrera y las razones por las que lo haces. Entonces, será un placer para ti dejar de hacerlo porque tienes tus propios carros para conducir. Digámoslo de nuevo: "No son mis carros". Lo estás entendiendo.

Capítulo 12: No juzgues la carrera de otras personas

Sé que nunca haces esto, pero si puedes seguirme la corriente, haz una lista de las razones por las que solemos juzgar a las personas. Puede deberse a cómo se ven, actúan o hablan; incluso su trabajo puede ser una razón por la que los juzguemos. Luego, al final, escribe en letras grandes: ¡Ninguno de estos son mis problemas porque no son mis carros!

Ahora bien, ¿no se siente mucho mejor?

Capítulo 13: La línea final

¡Felicidades! Hiciste todo el trabajo.

¿Cómo te sientes?

¿Listo para la meta?

La próxima tarea será divertida; lo prometo.

Quiero que escribas una lista de deseos.

Ahora que tienes más tiempo para hacer las cosas que te hacen feliz, escribe una lista y empieza a trabajar en todo lo que quieres hacer.

¡Diviértete y tómalo un día a la vez!

Don't miss out!

Visit the website below and you can sign up to receive emails whenever Nitza Haydee Caro publishes a new book. There's no charge and no obligation.

https://books2read.com/r/B-A-UZCFB-YHNAD

BOOKS 2 READ

Connecting independent readers to independent writers.

Also by Nitza Haydee Caro

Moving Your Cars
Moviendo tus carros

www.ingramcontent.com/pod-product-compliance
Lightning Source LLC
Chambersburg PA
CBHW031426130726
47989CB00003B/1039